*Un récit – des jeux*
*pour découvrir ses classiques*

*Une collection dirigée par*
*Anne-Catherine VIVET-RÉMY*

# Agamemnon & la Guerre de Troie

Anne-Catherine
VIVET-RÉMY

Illustrations
Josiane Lautrédou

RETZ
1, rue du Départ
75014 PARIS

## DANS LA MÊME COLLECTION

*Anne-Catherine VIVET-RÉMY*

**Les Travaux d'Hercule**

**Les Voyages d'Ulysse**

**Lancelot et la Table ronde**

*Brigitte ÉVANO*

**Érik et Harald, guerriers vikings**

*Florence LANGEVIN*

**Shéhérazade et les Mille et Une Nuits**

## DANS LA COLLECTION « AVENTURES À LIRE »

*Georges OROS*

**Le Château d'Oz**

*Christian LAMBLIN*

**La Maison mystérieuse**

*Anne DEPRÉNEUF*

**La Reine des ombres**

## DANS LA SÉRIE « MESSAGES SECRETS » DE YAK RIVAIS

**Au voleur !**

**Diable !**

*D'après une idée originale de Bookmaker.*

# Sommaire

# La Grèce et l'Asie Mineure

Dès que tu liras un nom de lieu, tu pourras le retrouver sur cette carte.

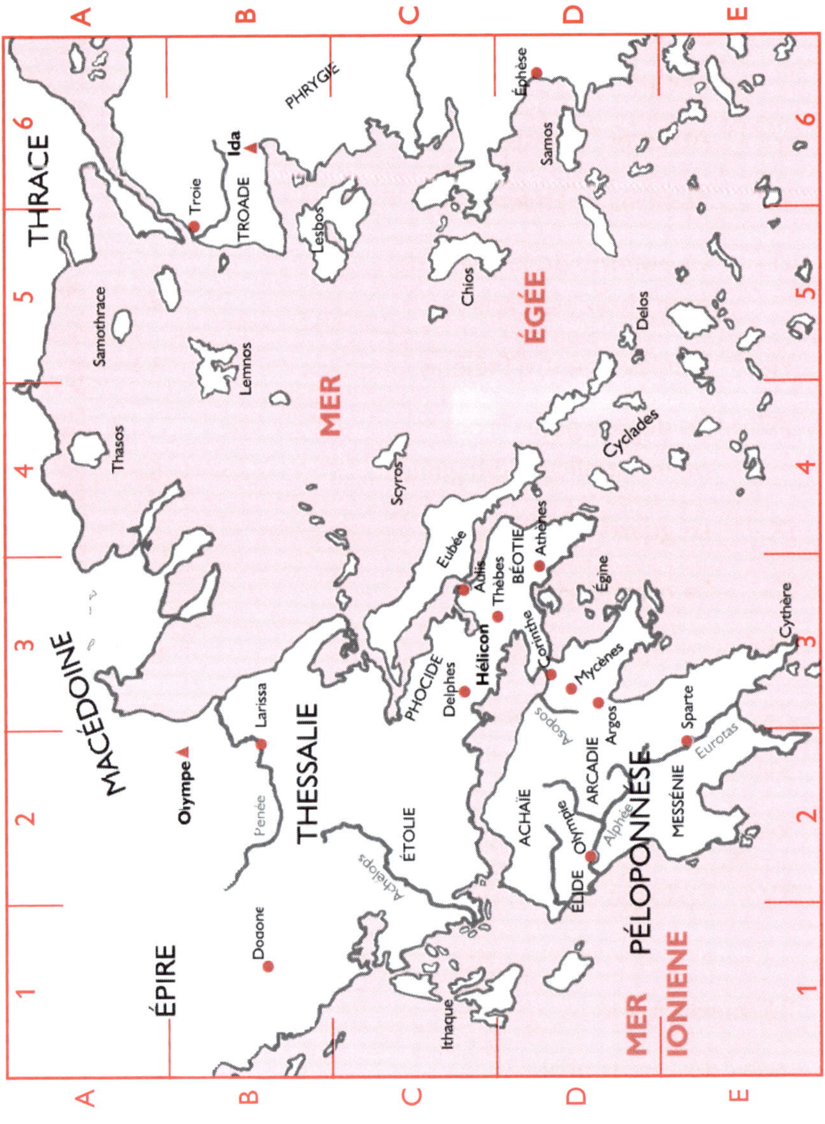

# I

# Tantale

« MAUDITE ! Cette famille est maudite ! Si les murs de ce palais pouvaient parler, que de crimes horribles ils raconteraient !... » Ainsi parlaient tous ceux qui passaient devant le palais d'Agamemnon, chef de la vaillante armée grecque, victorieuse de la guerre de Troie.

Voici l'histoire d'Agamemnon ou plutôt celle des Atrides dont il est le plus illustre descendant. Au sein de cette famille, les meurtres se succèdent, tous plus affreux les uns que les autres. Sans cesse la vengeance appelle un nouveau crime, à son tour lavé dans le sang. Voici l'histoire d'une famille maudite...

Tout commence avec Tantale. Lorsque débute cette histoire, il est un roi riche, heureux, comblé. Rien ne lui manque car il est le fils chéri de Zeus, le souverain des dieux, et de la nymphe Plouto. Son père l'aime tant qu'il l'invite aux banquets donnés sur l'Olympe. Là, parmi tous les dieux et les déesses, il boit le doux nectar et goûte la divine ambroisie. Seul à bénéficier d'une faveur qu'aucun mortel n'a jamais eue, il se montre tout d'abord fier, puis prétentieux et bientôt arrogant. Cet honneur finit par lui faire croire qu'il est l'égal des dieux et même, au fur et à mesure que le temps passe, qu'il leur est supérieur.

Un jour, il mûrit un projet insensé. « Tous pensent que mon

père Zeus sait tout, qu'il lit dans les pensées des hommes et que rien ne lui échappe. Mais j'en doute, moi. Ainsi, la fois où j'ai dérobé le nectar et l'ambroisie pour les partager avec mes amis, aucun des dieux ne s'en est aperçu, pas même Zeus ! Je veux éprouver sa puissance… »

Tantale festoie sur l'Olympe. Tous les dieux sont réunis comme à l'accoutumée. Dans la salle des banquets fusent des rires. Des sourires éclairent ces visages divins tandis que les Muses, vêtues de voiles irisés, chantent, dansent et déclament des vers au son de la cithare d'Apollon. Lorsque les dernières notes s'éteignent, Tantale se lève.

— Ô dieux, je tiens à vous témoigner ma gratitude en vous conviant tous à un festin dans mon propre palais. Certes, je ne suis qu'un simple mortel mais je saurai apprêter des mets dignes de vous.

Zeus alors, élevant une merveilleuse coupe d'or ciselé par Héphaïstos, répond au nom de l'assemblée :

— Tantale, c'est avec joie que nous nous rendrons en ta demeure !

Le jour du banquet arrive. Tantale, du haut des remparts de son palais, guette l'arrivée de ses hôtes illustres. Il lui tarde de les régaler… Un méchant sourire déforme ses traits. Mais le ciel reste désespérément vide. Tantale s'impatiente. Il fait les cent pas, scrute à nouveau l'horizon infini. De délicieuses odeurs lui parviennent des cuisines. « Vous ne serez pas déçus, ô dieux immortels, par le plat que je vous destine ! »

Tout à coup, Tantale entend des éclats de rire. Mais… ils proviennent de la salle du banquet ! Et ce rire tonitruant qui fait presque trembler les murs de sa demeure, n'est-ce pas celui de Zeus ? Quand Tantale tout essoufflé rejoint la salle où sont dressées les tables pour le festin, tous les dieux sont là.

Déméter même a déjà picoré quelques grains d'une belle grappe de raisin doré.

— Nous t'attendions, mon fils ! s'exclame Zeus. Aurais-tu oublié que tu nous as tous conviés à manger ?

Tantale, après s'être excusé et profondément incliné devant cette noble assemblée, frappe dans ses mains. Comme par enchantement apparaissent aussitôt des musiciens, des échansons tenant des aiguières d'or, des esclaves portant des plats tout chargés de victuailles. Au son des cithares et des flûtes, les serviteurs s'approchent des tables. On mêle le vin et l'eau dans les cratères, on emplit les coupes puis on sert chacun. La viande fume dans les assiettes...

Soudain, un cri ! Tous les dieux se sont levés, les yeux révulsés par l'horreur. Seule Déméter est assise, occupée à manger. Tantale est tout pâle.

— Comment as-tu osé ! fulmine Zeus.

— Je voulais éprouver ta clairvoyance et mesurer ta puissance, répond arrogamment Tantale.

— Je vais châtier ton audace de telle façon qu'aucun humain n'osera plus jamais faire ce que tu as accompli là.

Devant la colère de Zeus, tous les serviteurs ont fui. Réfugiés dans les cuisines, ils tremblent. Seront-ils punis eux aussi ?

— J'ai aidé Tantale à tuer Pélops parce qu'il m'a menacé de mort si je n'obéissais pas, murmure l'un.

— J'ai dû le découper et faire cuire les morceaux pour la même raison, chuchote l'autre.

— Oser tuer son fils et le servir à manger aux dieux ! Quel crime abominable ! Comment imaginer qu'ils ne s'en apercevraient pas ? Il faut être fou, avoir perdu la tête ! s'indigne un troisième. J'ai bien vu que Tantale, même s'il était pâle, gardait son arrogance. Je suis sûr que les dieux puniront un tel crime.

# Jeux

## I

## Tantale

## 1 Qui suis-je ?

**Trouve à quels personnages cités dans ce chapitre les vers ci-après font allusion.**

**A** — Déesse à la sévère beauté,
Je symbolise de la terre la fécondité.
Obsédée par le rapt de ma fille, Coré,
Toutes les cultures j'ai délaissées.
Lors du banquet auquel Tantale m'a invité
De ce mets détestable j'ai mangé.

***Qui suis-je ?*** Déméter

**B** — Fils du grand Zeus et de la fière Héra,
Par elle, je fus jeté de l'Olympe jusqu'en bas
Car nourrisson, je souffrais d'une malformation.
Je devins des dieux le forgeron.
Coupes d'or, casques, boucliers, épées,
Il n'est rien qu'on ne puisse me demander.

***Qui suis-je ?*** ..........................................

## 2 À compléter

**Vocabulaire** Tu sais sans doute que les homonymes sont des mots que l'on prononce de la même manière mais qui s'écrivent différemment et ne signifient pas la même chose.

Un exemple d'homonymie : - Je colle un timbre - le col de la chemise.

**Dans ce chapitre, Tantale dit qu'il saura apprêter des mets dignes des dieux. Saurais-tu écrire correctement ce mot chaque fois qu'il change de sens ?**

**Liste :** ~~mai~~ - ~~mes~~ - ~~maie~~ - ~~m'est~~ - ~~mais~~ - ~~mets~~

1 - Tantale n'est qu'un mortel mais il se croit supérieur aux dieux.

2 - Lors du banquet, seule Déméter a mangé de ce mets détestable.

3 - Tantale ne m'est pas sympathique.

4 - Je ne le compte pas parmi mes héros.

5 - Le mois de mai était consacré à la déesse Maïa.

6 - Jadis, on pétrissait le pain dans une maie.

## 3 Charades

**En réalisant ces charades, tu trouveras trois des mots importants de ce chapitre.**

A — Mon premier est la première des prépositions.
Mon deuxième est un préfixe signifiant trois.
Mon troisième est deuxième.
Mon tout est le nom d'une famille maudite.

***Réponse :*** ..........

B — Mon premier est un insecte qui pique.
Mon deuxième est synonyme d'amas.
Mon troisième est un article défini masculin singulier.
Mon tout sera puni par Zeus au chapitre suivant.

***Réponse :*** tantale

C — Mon premier borde les champs.
Mon deuxième se laboure.
Mon troisième est ce qu'il reste de l'enveloppe des céréales une fois moulues.
Mon tout est un serviteur, chargé de servir à boire à la table des dieux ou des rois.

***Réponse :*** ..........

**Zeus est le dieu le plus important dans la mythologie grecque. Les Romains l'ont introduit dans leur mythologie. C'est pourquoi, comme tous les autres dieux, il a aussi un nom latin. Le connais-tu ?**

# Fiche d'identité

## Zeus

**Portrait**
Majestueux.
Porte une barbe et une abondante chevelure.
Tient dans une main la foudre que lui forgea son fils Héphaïstos, de l'autre l'égide, bouclier fait avec la peau de la chèvre Amalthée.

**Signes particuliers**
Se métamorphose de mille façons (coucou, taureau, cygne, aigle, pluie d'or, cheval).
Époux volage.

**Né de :**
Cronos (ou Chronos) et Rhéa.

**Frère de :**
Hadès, Poséidon, Héra…

**Époux de :**
Héra.

**Père de :**
Tantale et d'innombrables enfants qu'il a conçus aussi bien avec sa femme qu'avec d'autres divinités et des mortelles.

**Profession :** souverain suprême des Dieux et des Hommes.

**Adresse :** l'Olympe.

**Animal :** l'aigle.

**Arbre :** le chêne.

**Lieux où sont rendus ses oracles :**
Dodone et Olympie.

**Jour consacré :**
jeudi (du nom latin Jupiter).

**Équivalent latin :** Jupiter (ou Jovis).

*As-tu remarqué que Zeus a épousé sa sœur ?*
*Ce genre d'alliance est courant chez les dieux de la mythologie.*
*Observe d'autres exemples dans les fiches suivantes.*

# Documentation

I

## Les Muses

Il n'y avait pas de grandes fêtes sur l'Olympe sans la présence des Muses. Mais qui sont-elles donc ? Filles de Zeus et de Mnémosyne, déesse de la Mémoire, elles furent conçues pour célébrer par leurs chants et leurs danses la victoire de Zeus sur les Titans.

Nul ne parvenait à les distinguer au départ car « elles n'ont toutes qu'une seule pensée. Leurs cœurs n'aspirent qu'au chant et leur esprit est dégagé de tout souci. Heureux celui qui est aimé des Muses ! » chantait Homère. En effet les anciens pensaient que les Muses soufflaient aux artistes leur inspiration.

Par la suite, on attribua à chacune un domaine d'excellence :

| **Noms** | **Attributions** |
|---|---|
| Calliope | éloquence |
| Clio | histoire |
| Érato | poésie amoureuse |
| Euterpe | musique |
| Melpomène | tragédie |
| Polymnie | mime, chants religieux |
| Terpsichore | danse |
| Thalie | comédie |
| Uranie | astronomie |

Les Muses aimaient à séjourner sur le mont Hélicon, près d'une source à laquelle on conférait le pouvoir de donner de l'inspiration aux poètes. Elles accompagnaient souvent en cortège Apollon, qui s'unit à Calliope. De cette union naquit le grand poète et musicien Orphée qui eut une destinée tragique. Mais c'est là une autre histoire…

# II

# Le supplice de Tantale

DANS LA GRANDE SALLE du palais de Tantale, Athéna prend la parole :

— Père, dit-elle tournée vers Zeus, le crime de Tantale est impardonnable. Fais-lui subir un supplice exemplaire afin qu'aucun homme ne tente plus jamais de nous abuser.

— Oui, que son châtiment soit éternel et emplisse de crainte tous les mortels ! ajoute la fière Héra.

Zeus réfléchit. Tous attendent silencieux devant Tantale impassible. Dans son cœur, aucun remords. S'élève alors la voix de Zeus :

— Écoutez tous ce que j'ai décidé. Après avoir bu le nectar et goûté l'ambroisie, sache, Tantale, que tu souffriras d'une soif et d'une faim éternelles. J'ai dit.

Puis s'adressant à Hermès :

— Hermès, messager des dieux, conduis Tantale jusqu'aux Enfers. Mène-le dans le Tartare jusqu'au bord du lac. Au tronc d'un arbre, lie-lui fermement les pieds.

Puis s'adressant à l'assemblée des dieux et des déesses :

— Lorsque, assoiffé, Tantale se baissera pour boire l'eau limpide, elle disparaîtra aussitôt bue par la terre pour réapparaître dès qu'il se redressera. Lorsque, affamé, il tendra la main vers une branche ployant sous les fruits mûrs et sucrés, le vent l'éloignera loin de lui. Telle est ma décision.

« Tous attendent silencieux devant Tantale impassible…
S'élève alors la voix de Zeus… »

Zeus vient à peine d'achever qu'Hermès disparaît avec Tantale dans un nuage opaque. Les dieux maintenant s'apprêtent à rejoindre l'Olympe quand une voix timide s'élève. C'est Déméter, la blonde déesse.

— Zeus, mon frère, j'approuve le châtiment que tu viens d'infliger à Tantale, mais je n'ose t'avouer... que... j'ai goûté de ce mets détestable...

Les dieux, consternés, ne peuvent réprimer un geste de dégoût.

— Ne pourrions-nous pas ramener Pélops à la vie ? continue dans un souffle Déméter.

Et tous de l'approuver. On appelle les serviteurs, on vide toutes les assiettes, on rassemble tous les morceaux. Et en un tournemain, voici Pélops revenu à la vie. Le bel adolescent s'étire comme s'il sortait d'un profond sommeil. Mais Déméter pousse un cri d'effroi.

— Là, regardez ! Son épaule !

En effet, il manque à Pélops un morceau de chair au niveau de l'omoplate. C'est sans aucun doute la bouchée qu'a avalée Déméter dans son étourderie. La blonde déesse supplie alors Héphaïstos de trouver un moyen pour la tirer d'embarras. Elle se sent responsable. Heureusement, il ne faut qu'un instant à l'artisan divin pour façonner à Pélops une omoplate en ivoire.

Les années ont passé. Protégés des dieux, Pélops et sa sœur Niobé ont grandi. Pélops a oublié l'acte horrible que son père a commis sur lui. Mais un jour, il trouve Niobé en larmes.

— Qui te fait pleurer ? Dis-moi que je le punisse !

Entre deux sanglots, Niobé raconte :

— Arachné, la merveilleuse fileuse, est morte. Elle s'est pendue à cause d'Athéna.

— Comment cela ?

— Tu sais qu'Arachné filait mieux que personne. Eh bien ! Elle a lancé un défi à Athéna afin que l'on détermine laquelle d'entre elles deux filait le mieux.

— C'est Athéna qui l'a emporté ! anticipe Pélops, certain de la victoire sur une simple mortelle de la déesse des Techniques et des Arts.

— Je ne sais pas, mais à la fin de l'épreuve, Athéna a déchiré la toile d'Arachné et l'a frappée avec sa navette d'or. Sans doute par jalousie. Et…

Niobé ne peut continuer tant son cœur a de chagrin.

— Arachné n'a pu supporter un tel affront. C'est cela ? poursuit son frère.

— Oui, et elle s'est suicidée. On dit qu'Athéna, prise de remords, l'a transformée en araignée. Elle peut ainsi continuer à filer de merveilleuses toiles.

— Niobé, je sais que tu admirais Arachné. Mais elle ne devait pas défier une déesse. Les dieux punissent toujours celui ou celle qui se vante d'être égal ou supérieur à eux.

Niobé opine de la tête. Son frère a raison mais elle ne peut s'empêcher d'être révoltée par cette toute-puissance des dieux. En elle coule le sang de Tantale et dans son cœur couve la même arrogance…

# Jeux
## II
## Le supplice de Tantale

## 1 Test de lecture

**Vocabulaire** Le châtiment de Tantale est à la hauteur du crime qu'il a commis. On parle encore de nos jours d'un supplice de Tantale. On utilise cette expression quand la situation dans laquelle on est plongé présente des similitudes avec celle où s'est trouvé ce héros mythologique.

**Entoure la définition qui te semble juste.**

Un supplice de Tantale, c'est :

1 - commettre une faute et être puni.

2 - être tout près de l'objet de ses désirs sans pouvoir l'atteindre.

3 - souffrir énormément.

## 2 Qui sont ces dieux ?

**A — Les Romains ont emprunté aux Grecs leurs dieux en leur donnant d'autres noms. Relie chaque nom grec à son équivalent latin.**

| | |
|---|---|
| 1 - Athéna • | • a - Jupiter |
| 2 - Déméter • | • b - Vulcain |
| 3 - Héphaïstos • | • c - Minerve |
| 4 - Héra • | • d - Mercure |
| 5 - Hermès • | • e - Junon |
| 6 - Zeus • | • f - Cérès |

**B — Plusieurs dieux sont cités dans ce chapitre. Saurais-tu relier leur nom à leur fonction ?**

| | |
|---|---|
| 1 - Athéna | a - déesse de la Famille. |
| 2 - Déméter | b - souverain des Dieux. |
| 3 - Héphaïstos | c - déesse de la Sagesse, des Techniques et des Arts. |
| 4 - Héra | d - dieu du Commerce et des Voleurs, et messager des dieux. |
| 5 - Hermès | e - déesse de la Terre féconde et des moissons. |
| 6 - Zeus | f - dieu du Feu. |

## 3 Charades

**En réalisant ces charades, tu découvriras de qui il s'agit.**

**A —** Mon premier est construit par les oiseaux.
Mon deuxième n'est pas bas.
Mon troisième est un fruit sauvage.
Mon tout est la fille de Tantale.

***Réponse :*** Niobé

**B —** Mon premier a pour symbole une colombe.
Mon deuxième se gagne dans une tombola.
Mon troisième est le bruit que fait une canette de boisson gazeuse que l'on ouvre.
Mon tout a bien failli ne jamais revoir le jour.

***Réponse :*** Pélops

**C —** Mon premier se respire.
Mon second se célèbre le dimanche.
Mon tout est le messager des dieux.

***Réponse :*** Hermès

**Déméter se désintéressa des cultures qu'elle protégeait après l'enlèvement de sa fille, Coré, par Hadès. Sais-tu que cet épisode eut des conséquences sur l'organisation des saisons ?**

# Fiche d'identité

## Déméter

**Portrait**

Belle femme à la taille majestueuse et au teint coloré. Ses cheveux blonds, ceints d'une couronne d'épis de blé, retombent en désordre sur ses épaules. Elle tient à la main droite une gerbe d'épis et à la gauche une torche. On lui donne parfois une faucille. Elle allaite deux enfants, chacun tenant une corne d'abondance.

**Née de :**
Cronos et Rhéa.

**Sœur de :**
Zeus, Poséidon, Héra, Hadès, Hestia.

**Épouse de :**
personne.

**Mère de :**
Coré.

**Profession :**
déesse de la Terre féconde, des Moissons.

**Adresse :**
la Terre et l'Olympe.

**Animaux :**
la truie, la laie, le bélier.

**Plante :**
le pavot.

**Équivalent latin :**
Cérès.

# Documentation

## II

### Histoire des saisons

Lors d'une paisible journée ensoleillée, un cri déchire le silence. Puis à nouveau le calme…

Que s'est-il passé ? C'est Hadès, le dieu des Morts, qui vient d'enlever la jeune Coré, fille de Déméter. Car seul dans son royaume sombre et glacé, il se désespérait qu'aucune déesse ne voulut de lui. Coré, d'abord étourdie par tant de brutalité, sanglote maintenant près du dieu infernal, sans l'apitoyer.

Pendant neuf jours, Déméter survole le monde, munie d'une torche dans chaque main. Hélios, enfin, le dieu solaire lui conte l'enlèvement de sa fille bien-aimée.

Quittant l'Olympe, Déméter erre sur la terre, oubliant de veiller sur les semences. La terre alors se meurt ; la famine menace hommes et bêtes. Zeus demande donc à chaque dieu de se rendre auprès de Déméter pour apaiser sa colère et sa tristesse. En vain. Il ne reste à Zeus qu'à convaincre son frère Hadès de rendre Coré à sa mère. Hélas ! Perséphone, tel est le nom de Coré maintenant, a mangé un grain de grenade, symbole du mariage. Or quiconque a consommé de la nourriture aux Enfers ne peut retourner sur terre.

Zeus impose alors un compromis : l'hiver durant, Perséphone vivrait auprès de son époux et le reste de l'année, Coré vivrait auprès de sa mère.

Depuis ce temps, Déméter a mis la nature au diapason de son cœur. Ainsi, pendant l'hiver, la terre se meurt car la déesse pleure le départ de sa fille ; pendant le printemps et l'été, au contraire, Déméter, heureuse de la retrouver, répand ses bienfaits sur la nature. Alors qu'en automne, triste à l'idée de la perdre, elle délaisse à nouveau la terre.

# III

motif récurrent = thèmes qui revient souvent :

# Pélops

* l'épreuve du fiancé
* le massacre des prétendants. (odyssé)

NIOBÉ vient juste d'épouser Amphion, l'un des nombreux enfants que Zeus eut avec des mortelles, lorsque Pélops lui aussi décide de se marier. Il veut demander la main d'Hippodamie, la célèbre fille du roi d'Arcadie, Œnomaos.

— Non ma fille ! Ce prétendant veut t'épouser, dis-tu ? Apprends-lui que je lui accorderai ta main uniquement s'il sort victorieux de la course que j'organise demain. Et s'il est vaincu, n'omets pas d'ajouter qu'il sera mis à mort comme tous ceux qui se sont présentés avant lui.

Hippodamie sort de la salle du trône, plus émue que d'habitude. Ces paroles, voilà des années qu'elle les entend. Son père va-t-il la laisser ainsi s'étioler auprès de lui ? N'aura-t-elle donc jamais d'enfants ? Ce jeune prétendant qui vient de lui demander sa main lui plaît. Comment se nomme-t-il déjà ? Ah, oui ! Pélops. Hippodamie, réfugiée dans les jardins du palais, songe à la façon dont elle pourrait l'aider. Elle souhaite vraiment de tout son cœur que Pélops gagne la course. Elle en a assez de la tyrannie de son père et n'est pas la seule. Sa nourrice lui a appris que les habitants d'Olympie avaient décidé de mettre un terme à ce massacre de prétendants. En effet, non content de clouer sur les portes du palais les têtes et les membres des malheureux vaincus, son père projette maintenant d'édifier un temple en entassant les crânes de tous ceux qui demanderaient sa main.

C'est dire qu'il espère bien ne la voir jamais mariée !

— Hippodamie ! Hippodamie !

— Qui m'appelle ?

— C'est moi, Pélops.

— Oh ! Pélops ! Renonce à m'épouser ! J'ai peur que toi aussi, tu ne finisses comme tous les autres…

— N'aie crainte, Hippodamie. Dès que je t'ai vue, je t'ai aimée et j'ai compris à tes regards que tu partageais mon amour.

— Mais comment faire pour que tu gagnes ? Mon père a les meilleurs coursiers de Grèce et le plus habile des conducteurs de char.

— Depuis mon adolescence, les dieux me protègent. Dès que j'ai jeté l'ancre en Élide, j'ai offert un sacrifice à Poséidon en le suppliant de me donner le char le plus rapide de la terre. Le dieu de la Mer m'a entendu. Le char sur lequel tu m'as vu arriver est attelé à des chevaux infatigables. Je suis certain de gagner et d'obtenir ainsi ta main.

— Que les dieux t'entendent ! Mais écoute-moi. Mon père va imposer que je monte à tes côtés pendant la course. Il agit ainsi dans l'espoir que je te distrairai. Hélas, jusqu'ici, c'est ce qui est toujours arrivé ! Toi, je t'en prie, ne me regarde à aucun moment sinon tu es perdu. Mais, va-t'en ! J'entends la voix de mon père.

La nuit enveloppe le palais d'un sombre voile. Qui pourrait voir cette ombre furtive se dirigeant d'un pas rapide vers les écuries ?

— Myrtilos ! C'est moi, Hippodamie.

— Hippodamie ? La fille de mon maître Œnomaos ? Pourquoi une princesse vient-elle rendre visite la nuit à un simple conducteur de char ?

— Myrtilos, je t'en supplie ! Ne dis pas à mon père que tu

m'as vue. J'aime Pélops, le prétendant qui doit concourir demain. Il est le protégé de Poséidon mais je veux être certaine de sa victoire. Toi seul peux m'aider !

— Et comment ?

— Je ne sais pas mais trouve le moyen de retarder mon père pendant la course. Tu peux compter sur ma gratitude, je me montrerai généreuse envers toi.

Le soleil levant baigne le palais d'une belle lumière orangée. À l'extérieur des écuries, les chevaux piaffent d'impatience. Myrtilos se tient dans le char, Œnomaos à ses côtés. Pélops saisit les rênes d'une main et aide Hippodamie à monter près de lui.

— Pélops ! crie Œnomaos, nous devons aller jusqu'à l'autel de Poséidon sur l'isthme de Corinthe. Maintenant, que le meilleur gagne !

Les fougueux coursiers bondissent, encouragés par la voix et le geste de leur conducteur. Ils courent, galopent, vifs comme le vent, grisés par leur propre vitesse. Leurs naseaux fument, leurs flancs écument bientôt de sueur. Les deux chars sont côte à côte, leurs roues se frôlent. Dans le lointain déjà, on devine la silhouette du temple de Poséidon. Œnomaos, inquiet par la rapidité de son rival, s'est emparé de sa lance. Il lève le bras… Hippodamie, qui n'a cessé de le surveiller depuis le début, est sur le point de crier. Quand, soudain, elle voit le char de son père vaciller, les roues se détacher et le char s'écrouler. Le roi tombe, il s'empêtre dans les rênes que Myrtilos a lâchées pour sauter, et son corps, traîné par les chevaux, rebondit sur les cailloux de la piste. Quand enfin les bêtes s'arrêtent, le père d'Hippodamie vient de succomber. Myrtilos a couru jusqu'à lui. Il n'entendra pas la malédiction que le roi vient de murmurer contre lui : « Tu m'as trahi, malheureux, mais tu mourras ce soir même des mains de Pélops ! »

« Les fougueux coursiers bondissent…
Ils courent, galopent, vifs comme le vent… »

La journée s'achève. Myrtilos, Pélops et Hippodamie s'arrêtent après cette longue course.

— Je meurs de soif ! s'exclame la jeune fille.

Aussitôt, Pélops se met en quête d'eau douce. Peu après il revient avec son casque empli d'eau. Hippodamie en larmes se jette alors contre sa poitrine.

— Myrtilos a vou… voulu abuser de moi !

Pélops est furieux. Il marche sur Myrtilos, le gifle et lui adresse de véhéments reproches. La nuit est maintenant tombée. Tous trois remontent sur le char, silencieux. Pélops a pris les rênes. Il fouette violemment les chevaux qui s'élancent au galop.

Alors qu'ils chevauchent sur un haut promontoire dominant la mer, Pélops, soudain, bouscule Myrtilos. Celui-ci vacille, perd l'équilibre et, dans un cri, tombe du haut de la falaise. Le fracas des vagues couvre sa voix :

— Sois maudit à jamais, Pélops, toi et toute ta descendance !

Le temps a passé. Pélops a succédé à Œnomaos. Pour se racheter de son crime, il a fondé les premiers Jeux olympiques. Quand s'achève sa vie, il a agrandi son royaume auquel il a donné son nom, le Péloponnèse. D'Hippodamie il a de nombreux enfants. Courageux et sage, il est admiré par toute la Grèce. La malédiction de Myrtilos ne s'est pas accomplie. Est-ce parce que les dieux n'ont jamais cessé de le protéger depuis le crime de Tantale ?

# Jeux
## III
## Pélops

### 1 Charades

**De qui s'agit-il ?**

A — Mon premier est une voyelle parfois muette.
Mon deuxième signifie « non » en anglais.
Mon troisième peut être de cocagne.
Mon quatrième est fort apprécié des chiens.
Mon tout est vraiment cruel et tyrannique.

***Réponse :*** Myrtilos

B — Mon premier est le petit mot qui précède hourra.
Quand on n'a pas de chance,
on manque de mon deuxième.
Mon troisième est plus facile que les échecs.
Mon quatrième est sous la croûte.
Mon tout, sans le vouloir,
a provoqué la mort de bien des jeunes gens.

***Réponse :*** famine

C — Mon premier fut cassé par Perrette
dans la fable de La Fontaine.
Mon deuxième n'ignore rien.
Mon troisième est une voyelle.
Mon quatrième est un pronom relatif
qui désigne un être ou une chose.
Mon tout règne sur les eaux.

***Réponse :*** ..........

## 2 Test de lecture

**Certains mots du texte sont un peu difficiles. Tu les as sans doute compris grâce au contexte, c'est-à-dire grâce aux mots qui les entourent. Vérifie par ce jeu que tu ne t'es pas trompé de sens en reliant chacun à son synonyme.**

| | |
|---|---|
| 1 - omettre | a - mourir |
| 2 - s'étioler | b - perdre l'équilibre |
| 3 - prétendant | c - reconnaissance |
| 4 - renoncer | d - qui se cache pour ne pas être vu |
| 5 - s'empêtrer | e - homme qui espère épouser une femme |
| 6 - furtif | f - cesser de vouloir |
| 7 - gratitude | g - oublier |
| 8 - vaciller | h - s'emmêler |
| 9 - succomber | i - se faner |

## 3 Culture générale

**Vocabulaire** Tu connais maintenant, après avoir lu ce chapitre, l'origine du mot Péloponnèse, qui signifie « île de Pélops ». Ce n'est pas le seul exemple. D'autres noms de lieu tirent leur nom de héros mythologiques.

**Relie chaque lieu au personnage qui lui a donné son nom.**

| Lieux | Personnages |
|---|---|
| 1 - Le mont | a - Hercule. |
| 2 - Les Colonnes d' | b - Égée. |
| 3 - La mer | c - Atlas. |

**D'après toi, pourquoi la course entre Œnomaos et Pélops a-t-elle pour arrivée l'autel de Poséidon, sur l'isthme de Corinthe ?**

# Fiche d'identité

## Poséidon

**Portrait**
Est souvent représenté nu. Longue barbe. Tient à la main un trident. Char tiré par des chevaux marins ou des dauphins.

**Signes particuliers**
Querelleur. Est craint autant des hommes que des divinités à cause de son impétuosité et de sa force. Métamorphoses fréquentes lors de ses aventures galantes (taureau, fleuve, bélier, cheval, oiseau…).

**Né de :**
Cronos et Rhéa.

**Frère de :**
Zeus, Hadès, Héra…

**Époux de :**
Amphitrite.

**Père de :**
Triton, des Nymphes marines et des Cyclopes…
Nombreux enfants illégitimes, dont Pégase qu'il eut avec Méduse.

**Profession :**
dieu de la Mer, des Îles et des Rivages.

**Adresse :**
possède un palais au fond des mers mais se rend souvent sur l'Olympe.

**Animal :**
le cheval.

**Équivalent latin :**
Neptune.

## IV

# Atrée et Thyeste

— HABITANTS DE MYCÈNES, votre roi est mort. Par ma voix, les dieux vous disent de lui choisir pour successeur Atrée ou Thyeste, fils de Pélops.

Tous les Myceniens connaissent maintenant l'oracle mais leur perplexité reste entière. Lequel des deux frères choisir? Lequel est le préféré des dieux? Ils verront plus tard! Pour commencer, il faut les faire venir d'Argos à Mycènes.

Mais ce qu'ignorent les Myceniens, c'est qu'Atrée et Thyeste, quoique frères, se haïssent. Ces deux-là ne sont jamais d'accord, se cherchent sans cesse querelle, se jalousent pour tout. Pélops leur a laissé en partage un immense troupeau, objet de mille chamailleries entre eux.

Un jour, Atrée promet d'immoler à Artémis les plus belles bêtes. La déesse de la Chasse, afin d'éprouver sa piété, y fait apparaître un agneau à cornes et à toison… d'or! Aussitôt Thyeste le revendique :

— Cet agneau est à moi! Il fait partie de la moitié du troupeau qui me revient. Tes bergers me l'ont volé!

— Non! Il m'appartient! Ou plutôt il n'appartient plus à personne puisque je dois l'offrir à Artémis, réplique Atrée.

Mais il lui est bien difficile de renoncer à tout cet or! Alors voici ce qu'il imagine : il sacrifiera à la déesse la chair de l'animal tandis que lui, gardera dans un coffre les cornes et la toison.

La chose est bientôt faite. Mais Thyeste ne songe qu'à se venger. Cet or lui revient. Comment s'en emparer ? « Et pourquoi ne pas me servir d'Aéropé, la femme même de mon frère ? Mes amis se moquent des regards enflammés qu'elle m'adresse. Pourquoi ne pas lui proposer de devenir son amant en échange de la toison ? » songe en lui-même Thyeste.

Quelque temps après ces événements, les envoyés de Mycènes arrivent à Argos. Les deux frères les suivent volontiers, persuadé chacun de l'emporter sur l'autre. Lorsqu'ils arrivent, le peuple, les notables forment une grande assemblée. Le plus âgé d'entre eux prend la parole :

— Atrée et Thyeste, fils de Pélops, l'oracle nous a conseillé de choisir l'un d'entre vous pour régner sur Mycènes. Nous avons beaucoup discuté pour savoir comment vous départager. Que proposez-vous ?

Atrée s'empresse alors de répondre :

— Le seul titre d'aîné me permet de prétendre à ce titre de roi. Mais j'ai la preuve que les dieux m'ont choisi plutôt que mon frère ; ils m'ont envoyé un agneau couvert d'une toison d'or !

— Atrée, es-tu prêt à reconnaître publiquement que celui qui possède la toison a le droit d'être roi ? ajoute aussitôt Thyeste.

— Je le déclare solennellement, réplique Atrée.

— J'accepte moi aussi, conclut Thyeste, la bouche tordue par un méchant rictus.

Le peuple est en liesse, prêt à acclamer son nouveau roi. On s'affaire, on s'active à décorer les temples, on en ouvre les lourds battants. Partout des feux brillent sur les autels, partout des chants célèbrent l'agneau à cornes et à toison d'or. Mais soudain Thyeste se lève. Il lève le bras pour obtenir le silence.

— Je déclare que mon frère est un menteur, et qu'il se vante de posséder ce qu'il n'a pas!

Devant tant de visages consternés, il s'explique :

— Afin de constater que je dis vrai, je vous propose de me suivre chez moi. Je vous montrerai la toison de l'agneau qui m'appartient légitimement et fait de moi le roi de Mycènes!

Thyeste dit vrai : Aéropé a dérobé pour lui la toison à son mari et c'est Thyeste maintenant qui la possède. Les magistrats le reconnaissent donc pour leur roi.

Sur l'Olympe, Zeus manifeste sa colère. Depuis toujours, il préfère Atrée à Thyeste et veut que son protégé accède au trône. Il convoque alors Hermès.

— Hermès, messager des dieux, sans plus attendre, rends-toi auprès d'Atrée. Voilà ce que tu lui proposeras...

Cette nuit-là, Atrée est visité par un songe. Le lendemain, son visage rayonne lorsqu'il va au palais retrouver son frère.

— Thyeste, accepterais-tu de renoncer au trône si, de tes yeux, tu voyais le soleil inverser sa course?

Thyeste commence à rire. Le dépit d'avoir échoué a fait perdre la tête à Atrée! Cependant il accepte car il voit là le moyen de ridiculiser un peu plus son frère.

— Soit! J'accepte d'abdiquer si le soleil se couche à l'est. Mais ce serait un bien funeste présage!

Le lendemain, Mycènes tout entière se rassemble. Tous, les mains en visière, observent Hélios. Thyeste, lui, sûr de sa victoire, jette à peine un coup d'œil sur le ciel. Brusquement, la foule pousse un cri d'une seule voix : le char du Soleil, déjà à la moitié de sa course, fait demi-tour et retourne vers l'est! Et bientôt on voit scintiller dans le ciel obscurci par la nuit revenue les sept Pléiades elles-mêmes.

— Peuple de Mycènes, les dieux vous donnent la preuve

que mon frère a usurpé votre trône. C'est un voleur, un traître et un menteur !

Devant un tel prodige, la foule tombe à genoux et reconnaît Atrée pour son roi.

— Thyeste, je te bannis. Ne reviens jamais ni à Argos ni à Mycènes sans mon consentement !

Telle est la première sentence royale que prononce le nouveau roi.

Atrée arpente la salle du trône. Qui le verrait à ce moment prendrait peur ! Ses traits expriment la colère et la haine. La main crispée sur le fourreau de son épée, il réfléchit : « Ainsi, c'est Aéropé qui a remis à mon frère la toison ! La chienne ! Elle me le paiera ! Mais c'est toi, Thyeste, qui l'as séduite afin de me déshonorer ! Je veux me venger et le châtiment que je te réserve épouvantera des générations d'hommes. Tantale, mon aïeul, ton crime ne sera rien auprès de celui que je médite dans mon cœur ! »

— Thyeste, suis-nous ! Ton frère, roi de Mycènes et d'Argos, te propose une amnistie. Il suggère de mettre fin à votre querelle en t'offrant la moitié de son royaume. Afin de sceller votre réconciliation, il organise en ton honneur un grand banquet auquel il te convie, toi et tes fils.

À Mycènes, on ne parle plus que de l'amitié qui unit enfin les deux frères ennemis. On se réjouit de l'arrivée de Thyeste et de ses enfants. Le palais tout entier bruit des préparatifs du festin. Enfin, le grand jour arrive.

Sur le seuil de la salle où sont dressées les tables du banquet, Atrée accueille son frère et l'installe à la place d'honneur. Entrent alors les serviteurs qui déposent un immense plat tout chargé de viandes fumantes devant l'hôte d'Atrée.

— Mais où sont donc mes fils ? Je veux qu'avec moi ils se réjouissent !

— Sans doute avec les miens. Mes fils, Ménélas et Agamemnon, n'apprécient pas encore les festins. Ils doivent s'exercer pour les jeux que Mycènes donnera en ton honneur.

Affamé, Thyeste mange de bon appétit. Tout à la joie de cette récente amitié, il n'a pas vu Atrée quitter la salle. Le voilà qui revient avec un nouveau plat... À sa vue, Thyeste s'est dressé brusquement, renversant table et vaisselle d'or. Ses yeux chavirent tandis qu'il porte ses mains à sa bouche. Des spasmes puissants agitent sa poitrine et sa bouche expulse la viande qu'il vient à peine d'avaler. Ses yeux restent rivés au plat que tient Atrée qui lui sourit : y sont disposés les têtes sanglantes, les pieds et les mains de ses fils à lui, Thyeste...

— Je te maudis, Atrée, et que tes fils soient maudits, eux aussi ! Fassent les dieux que leur vie ne soit que malheur et désolation ! Un fils me viendra qui me vengera et sèmera dans ta propre famille la discorde et l'horreur !

« Entrent alors les serviteurs qui déposent un immense plat tout chargé de viandes fumantes devant l'hôte d'Atrée. »

# Jeux

## IV

## Atrée et Thyeste

### 1 Test de lecture

**Es-tu un lecteur attentif ? Coche la réponse qui te semble juste.**

**A — Atrée et Thyeste sont :**

- a les frères de Pélops.
- b les petits enfants de Tantale.
- c les cousins de Niobé.

**B — Le premier à être roi de Mycènes est :**

- a Thyeste.
- b Atrée.
- c les deux.

**C — Thyeste s'est emparé de la toison et des cornes d'or grâce à l'aide de :**

- a Zeus.
- b Hermès.
- c Aéropé.

**D — Quel signe montre que les dieux sont favorables à Atrée ?**

- a Le soleil se couche à l'ouest.
- b Le soleil se couche à l'est.
- c Le soleil reste au zénith.

## 2 À compléter

**Étymologie** Certains mots te paraissent parfois compliqués à comprendre et/ou à retenir, comme ceux de la liste ci-dessous. En retrouvant leur étymologie (leur origine, leur racine), tu en saisiras mieux le sens.

Il te suffit, pour les mots qui suivent, de les décomposer : de repérer dans chacun d'eux un nom ou un début de nom propre grec.

**Attribue chaque nom de la liste qui suit à sa définition. Indique entre parenthèses le nom du personnage mythologique qui est à son origine.**

**Liste :** héliotrope - chronologie - céréales - hermétique - musée

**Définitions**

1 - Lieu où l'on expose des objets d'art : musée
..............................

2 - Liste d'événements par ordre de dates : chronologie
chronos

3 - Adjectif, qui ferme parfaitement : hermétique
hermes

4 - Plantes dont les grains servent de base à l'alimentation de l'homme : céréales
..............................

5 - Fleur qui se tourne vers le soleil : héliotrope
helios

## 3 Charades

**De qui ou de quoi s'agit-il ?**

**A** — Mon premier signifie « mademoiselle » en anglais.
Mon second est l'antonyme d'amour.
Atrée et Thyeste se disputent mon tout.

***Réponse :*** Mycènes

B — Mon premier est une voyelle.
Mon deuxième se respire.
Les bébés font mon troisième après leur biberon.
Mon quatrième n'est pas la guerre.
Mon tout est l'alliée de Thyeste.

***Réponse :*** ..........................................

## Ξ 4 Généalogie

**Une famille, au sens large, est composée de nombreuses personnes. Chacune porte un nom qui indique soit sa place dans la famille, soit le lien qui l'unit aux autres. Saurais-tu compléter ces phrases ?**

1 - Tantale est le .......................... de Pélops.

2 - Niobé est la fille de Tantale. Elle est donc la .......................... de Pélops.

3 - Atrée et Thyeste sont les fils de Pélops.

4 - Ils sont aussi les .......................... de Tantale.

5 - Niobé est la .......................................... d'Atrée et de Thyeste.

6 - Amphion est leur ...................................

7 - Leurs 14 enfants étaient les .......................................................... et les .......................................................... d'Atrée et de Thyeste.

8 - Si Zeus est le .......................................................... de Tantale, il est le .......................................................... de Pélops et l' .......................................................... d'Atrée et de Thyeste.

9 - Atrée est né avant Thyeste, il est donc son ...........................

**Messager des dieux aux sandales ailées, Hermès remplit d'autres fonctions. Découvre ses autres particularités !**

# Fiche d'identité

## Hermès

### Portrait

Jeune et bel athlète, imberbe et bouclé. Tantôt nu, tantôt avec un manteau jeté sur les épaules. Il tient à la main très souvent une bourse et de l'autre le caducée. Son chapeau rond et ses sandales sont ailés.

### Signes particuliers

Très astucieux. À peine né, il vola à Apollon ses troupeaux. Il se fit pardonner en lui donnant une de ses inventions : la lyre. il déroba aussi son trident à Poséidon, son épée à Arès et sa ceinture à Aphrodite. On le dit aussi l'inventeur de la course à pied.

**Né de :** Zeus et Maïa.

**Frère de :**
Arès, Héphaïstos et de bien d'autres (voir fiche Zeus p. 10).

**Époux de :**
personne. Hermès n'eut pas d'épouse légitime, mais il aima plusieurs mortelles et déesses.

**Père de :**
Hermaphrodite qu'il eut avec Aphrodite. On le dit aussi père du dieu Pan et des dieux Lares qu'il conçut avec la nymphe Lara.

**Profession :** messager des dieux, dieu de l'Éloquence, des Marchands (et même des Voleurs).

**Adresse :**
l'Olympe, où il sert l'ambroisie à la table des dieux.

**Lieux où sont rendus ses oracles :**
en Achaïe. Il était également très honoré en Crête.

**Jour consacré :**
mercredi (du nom latin Mercure).

**Équivalent latin :**
Mercure.

# V

# Ménélas et Hélène

— VA ET TUE-LE ! dit Thyeste à Égisthe en lui remettant son épée.

— Je t'obéirai car tu es mon vrai père, répond ce dernier.

Pourtant Égisthe n'est encore qu'un enfant. Il ne sait pas que pèse sur sa jeune vie la terrible malédiction qui veut qu'un meurtre en entraîne un autre. Il n'est qu'un instrument du destin.

Mais qui donc est Égisthe ? Après avoir fait exécuter Aéropé pour sa trahison, Atrée épouse Pélopia. Il ignore que l'enfant qu'elle porte a pour père Thyeste lui-même. Lorsque Égisthe naît, il le croit son fils et l'élève, mais Thyeste le retrouve et lui révèle sa véritable identité.

Sans remords, Égisthe tue son père adoptif, Atrée. Thyeste s'est vengé et peut enfin régner sur Mycènes.

À peine arrivé dans le palais, il réunit les gardes.

— Trouvez-moi Agamemnon et Ménélas, les fils d'Atrée ! Je veux les égorger de mes propres mains afin de venger mes fils : œil pour œil, dent pour dent !

Partout on les cherche. Il n'est pas un recoin qu'on ne fouille, qu'on ne scrute, qu'on n'explore. Mais pas la moindre trace des deux garçons. C'est qu'à peine la nouvelle du meurtre d'Atrée annoncée, leur vieille nourrice a pris la fuite avec eux. Elle sait bien où conduire ceux sur lesquels elle veille depuis leur naissance, où mettre ses deux chers petits à l'abri de la cruauté de Thyeste.

Nul n'ira les chercher à Sparte où elle les mène hâtivement auprès du roi Tyndare.

Les années se sont écoulées... Agamemnon et Ménélas sont maintenant de beaux et robustes jeunes gens en âge de se marier. Or Tyndare a deux filles, Clytemnestre et Hélène. Hélène force l'admiration de tous tant elle est belle. Belle à couper le souffle, d'une beauté surnaturelle qui bouleverse quiconque la voit. Alors qu'elle n'était encore qu'une enfant, le roi d'Athènes ne l'a-t-il pas enlevée afin d'en faire plus tard son épouse ? Mais Tyndare l'a reprise à son ravisseur et gardée étroitement depuis. Il veut maintenant la marier au plus vite. Mais lequel choisir parmi quelque cent prétendants qui se présentent aussitôt la nouvelle répandue ? Tous les princes de la Grèce sont là qui attendent... Qui désigner ? Et comment éviter le mécontentement que son choix ne manquera pas de provoquer ? Tyndare ne sait que faire. Il n'ose ni renvoyer ses hôtes ni accepter les nombreux présents qu'ils lui offrent tant il craint de susciter des querelles entre eux. C'est alors qu'Ulysse aux mille ruses lui demande une entrevue.

— Roi Tyndare, je connais le moyen de ménager la susceptibilité des prétendants de ta fille.

— Parle sans plus attendre, Ulysse, et tire-moi du terrible embarras où je me trouve.

— En échange, je te demande d'intervenir en ma faveur auprès du père de Pénélope que je veux épouser.

— Je ferai ce que tu me demandes mais, je t'en prie, dis-moi ton plan.

— Demande à chaque prétendant d'apporter son aide au mari d'Hélène au cas où on l'enlèverait encore. Je pense que chaque prétendant espérant être l'heureux élu prêtera serment et ne pourra donc ensuite se retourner ni contre toi ni contre le mari d'Hélène.

— Ulysse, tu es vraiment l'homme aux mille ruses ! Je suivrai ton conseil.

Afin d'assurer le bonheur du futur couple, Tyndare préfère qu'Hélène choisisse elle-même.

Le cœur battant, tous les princes se réunissent dans la cour du palais, attendant qu'Hélène arrête son choix. Eux les fiers guerriers, ils sentent leurs jambes défaillir quand, passant auprès d'eux, la longue tunique blanche de la jeune fille les frôle. À quoi leur sert leur cuirasse, quand les flèches d'Éros percent si facilement leur cœur vulnérable ? Hélène, elle, ne semble voir personne. Pourtant son pas est sûr et la porte vers celui qu'elle a élu. Sans hésiter, elle avance et s'arrête devant... Ménélas, qu'elle coiffe d'une couronne de fleurs. Le jeune homme rayonne car jamais il n'aurait osé espérer qu'elle puisse le préférer. Hélas ! En cet instant de joie, aucun des deux ne se doute que leur union est vouée au malheur et causera la mort de nombreux princes grecs liés par le serment qu'ils viennent solennellement de jurer.

Car si la famille de Ménélas est maudite, celle d'Hélène ne l'est pas moins. Plusieurs années auparavant en effet, Tyndare avait oublié, lors d'un sacrifice, d'honorer la déesse Aphrodite. Cette dernière, offensée, jura de se venger d'abord sur Léda, l'épouse de Tyndare, puis sur sa descendance même. Déesse de l'Amour, Aphrodite se servit de ses armes. Connaissant le goût de Zeus pour les belles mortelles, elle s'arrangea pour que le souverain des dieux surprît Léda en train de se baigner nue. Aussitôt éperdu d'amour, Zeus n'eut de cesse de la posséder. Mais l'entreprise était ardue car Léda aimait son mari. Zeus résolut donc de recourir à un procédé dont il était coutumier : la métamorphose.

« Sans hésiter, elle avance et s'arrête devant… Ménélas, qu'elle coiffe d'une couronne de fleurs. »

Comme à son habitude après une brûlante journée d'été, Léda se rend sur les bords de l'Eurotas. Elle quitte sa tunique, se glisse dans l'onde. La fraîcheur de l'eau la saisit. Mais comme il est bon de s'en asperger ! Les gouttes d'eau dans la lumière s'irisent. Dans le ciel, un aigle tournoie, prêt à fondre sur un merveilleux cygne blanc qui s'épuise à gagner la rive toute proche. En un instant, Léda l'a rejoint, pris dans ses bras, mis à l'abri sur le bord. Le cygne, l'instant d'avant éperdu de frayeur, se love maintenant tendrement contre elle, son long cou enfoui dans sa poitrine. On dirait que l'oiseau, reconnaissant, la remercie de lui avoir sauvé la vie.

Or l'aigle n'était autre qu'Aphrodite et le cygne, Zeus !

Neuf mois plus tard, Léda accoucha de singulière façon : ses enfants sortirent de deux œufs ! Dans le premier, un garçon et une fille, enfants de Zeus : Pollux et Hélène. Dans le second, les enfants de Tyndare : un garçon, Castor, et une fille, Clytemnestre.

Aphrodite, toujours pour se venger, rendra les deux garçons fous d'amour et condamnera les deux filles à tromper leur mari et à provoquer autour d'elles les drames les plus sanglants.

# Jeux

## V

## Ménélas et Hélène

### 1 Qui suis-je ?

**Trouve à quels personnages ces vers font allusion.**

A — Mes aventures sont aux enfants contées
Car j'ai connu bien des dangers,
Mais toujours la ruse m'a sauvé.
Continue à lire cette histoire
Car par la suite tu y apprendras
Comment, grâce à moi, la ville de Troie tomba.

***Qui suis-je ?*** ..................................................

B — Aphrodite sur moi s'est vengée
Et sur mes enfants s'est acharnée.
Pourquoi ai-je tant plu à Zeus
Moi qui fut toujours vertueuse ?

***Qui suis-je ?*** ..................................................

### 2 Charades

**De qui s'agit-il ?**

A — Il faut deux de mon premier pour voler.
Mon second se tricote.
Mon tout naquit dans un œuf.

***Réponse :*** ..................................................

B — Mon premier est une conjonction de coordination.
Mon deuxième est au milieu de la figure.
Mon troisième est bien fatigué.
Mon tout est un fils d'Atrée.

***Réponse :*** ..................................................

## 3 Mots croisés

**Étymologie** Dans ce chapitre, tu apprends que Zeus a le pouvoir de se métamorphoser en cygne, c'est-à-dire qu'il emprunte au cygne son apparence. Ce mot a une orthographe bien compliquée. Il vient du grec.
Pour identifier les mots d'origine grecque, tu dois repérer les sons [t], [f] et [k] qui s'écrivent th, ph et ch.

### Dans ces mots croisés, tu ne dois trouver que des mots d'origine grecque.

1 - Science des nombres et des calculs.
2 - Bâtiment dans lequel des acteurs jouent des pièces.
3 - Partie de l'église où se trouve l'autel.
4 - Liste d'événements par ordre de dates.
5 - Tombeau où les anciens Égyptiens plaçaient la momie.

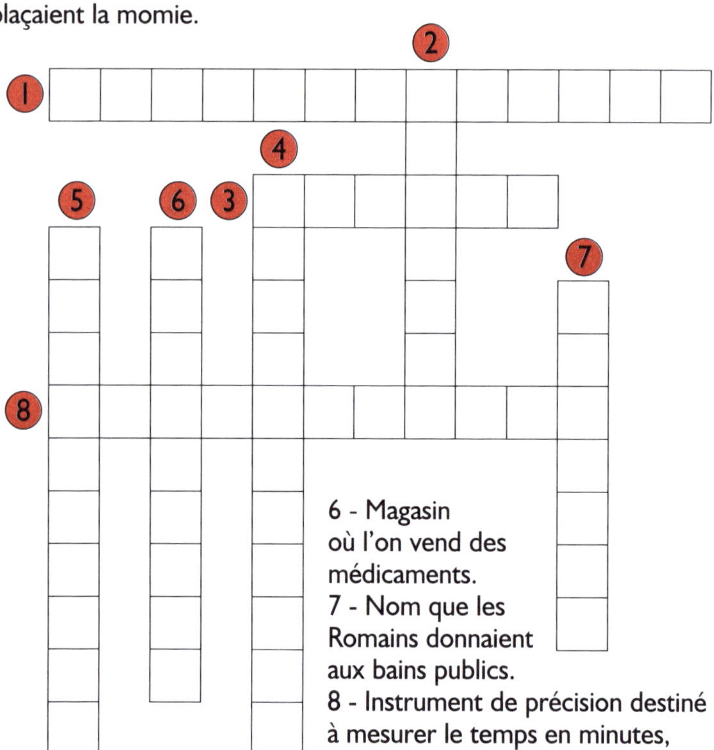


6 - Magasin où l'on vend des médicaments.
7 - Nom que les Romains donnaient aux bains publics.
8 - Instrument de précision destiné à mesurer le temps en minutes, secondes, fractions de seconde.

# VI
# La pomme de la discorde et le choix de Pâris

L'OLYMPE tout entier résonne de chants et de rires car l'on y célèbre le mariage du mortel Pélée et de la belle néréide Thétis. Pas un dieu, pas une déesse ne manque à la fête. Pourtant, une ombre furtive s'est cachée derrière l'un des piliers. Qui verrait son visage ne serait pas rassuré : il exprime tout à la fois : la colère, l'envie et la méchanceté. La voilà qui avance encore au point d'être tout proche maintenant des convives. Le brouhaha est tel dans la salle du banquet que personne ne l'entend murmurer :

— Une fois encore, l'on a oublié de me convier à la fête ! Ne suis-je pas, moi Éris, déesse tout autant que les autres ? N'ai-je point le droit de me divertir ? Mais puisque vous m'évitez tous, c'est moi maintenant qui vais m'amuser à vos dépens !

Et sur ces mots, Éris, la méchante déesse qui, partout où elle va, sème la discorde et la zizanie, jette sur le marbre blanc de la salle une pomme d'or. Celle-ci roule, roule et vient heurter le pied de Zeus. Intrigué par l'objet, le souverain des dieux s'en saisit et lit à haute voix l'inscription qui y est gravée :

— À la plus belle !

Zeus s'apprête à poser la pomme quand la voix d'Héra retentit :

— Non, mon cher époux, ne laissez pas là ce joyau. Si ce bijou est tombé entre vos mains, c'est qu'il vous faut l'offrir à l'une d'entre nous. À la plus belle justement ! Alors ?

Zeus, embarrassé, n'ose faire un geste. Il sent posé sur lui non seulement le regard insistant de son irritable épouse mais aussi les yeux charmeurs d'Aphrodite, qui s'est avancée à sa rencontre, sûre d'elle. Et voilà qu'Athéna, sa chère fille, lève vers lui un visage implorant ! Que faire ? Qui choisir ? Il sait que son choix quel qu'il soit mécontentera les deux autres qui se ligueront contre lui d'abord et contre l'heureuse élue ensuite. L'Olympe résonnera de complots, de ragots, de disputes. C'est alors qu'Hermès vient au secours de son cher père.

— Pourquoi ne pas laisser cette tâche à un mortel ? Nous serons sûrs ainsi que son choix sera impartial et que la pomme reviendra à la plus belle.

— Tu as raison, mon cher fils. Qu'il en soit comme tu l'as dit. Je vais jeter cette pomme d'or sur la terre, non loin de Troie où vit Pâris, jeune adolescent expert en la beauté des femmes. Qu'il choisisse donc lui-même laquelle est la plus belle de vous trois !

Une deuxième fois, voilà la pomme lancée. Elle tombe aux pieds du berger Pâris. Surpris, celui-ci la ramasse. Mais son étonnement croît encore bien davantage lorsqu'il voit ces êtres divins qu'entoure un halo lumineux éblouissant.

— Pâris, Zeus m'envoie afin que tu détermines laquelle de ces trois déesses est la plus belle.

Muet un instant, Pâris demeure perplexe. N'est-ce pas là un piège des dieux pour le perdre ?

— Comment pourrais-je en décider ? Je ne suis qu'un simple mortel. Je peux couper la pomme en trois, poursuit-il ayant observé les trois déesses.

— Non, il te faut n'en choisir qu'une. Tel est l'ordre de Zeus !

— Mais je puis me tromper. Que celles que je n'aurai pas

« Elle tombe aux pieds du berger Pâris.
Surpris, celui-ci la ramasse. »

choisies me pardonnent ! ajoute-t-il adressant un regard inquiet aux divinités.

Celles-ci s'empressent de lui adresser un signe d'assentiment. Se tournant alors vers Hermès :

— Dois-je juger de leur beauté habillées ou nues ?

Sans attendre la réponse du messager des dieux, Héra s'approche de Pâris :

— Si tu me désignes comme la plus belle, tu deviendras le souverain de toute l'Asie et l'homme le plus riche...

— Quant à moi, l'interrompt Athéna, je t'offrirai la victoire dans tous les combats qu'il te plaira de mener. Tu seras l'homme le plus sage, le pl...

— Et moi, je te donnerai l'amour de la plus belle femme du monde, Hélène, reine de Sparte, dit Aphrodite, s'approchant si près du bel adolescent qu'il en rougit.

Pâris, sous le charme, lui tend alors la pomme.

Furieuses, Athéna et Héra regagnent l'Olympe se jurant, malgré la promesse faite à Pâris, de se venger de lui. Aphrodite, elle, se retourne une dernière fois vers Pâris et lui adresse le plus envoûtant de ses sourires.

Satisfaite d'avoir été choisie, elle jubile encore plus de savoir que sa vengeance contre Tyndare sera totalement assouvie. La plus belle femme du monde n'est autre qu'Hélène, l'épouse de Ménélas... Pâris, lui, se demande comment un simple berger pourra prétendre à l'amour d'une reine.

Peu de temps après, Priam, le roi de Troie, organise, comme à l'accoutumée, des jeux funèbres en l'honneur de son fils mort voilà bien longtemps. Chaque année, il n'y manque jamais, même si ce rite lui rappelle une bien triste histoire...

En effet, juste avant d'accoucher de son deuxième enfant, Hécube, la femme de Priam, fit un songe : elle mettait au monde non pas un enfant mais une torche grouillante de serpents de feu qui incendiait la ville. Aussitôt, l'on consulta les devins car le roi et la reine craignaient que ce rêve n'annonce une terrible catastrophe.

— Tuez cet enfant à sa naissance sinon Troie sera détruite par les flammes à cause de lui ! déclara l'oracle consulté.

Le soir même Hécube mit au monde un fils. Mais devant la vigueur et la beauté de son enfant, elle n'eut pas le cœur de laisser commettre ce crime. Elle laissa Priam s'emparer du bébé et le remettre à un berger.

— Cet enfant doit mourir. Les devins l'exigent si l'on veut éviter que ne soit détruite notre belle citadelle. Je le regrette. Quand tu te seras acquitté de ta tâche, apporte-moi la preuve de sa mort. Va ! ordonna le roi au berger.

Celui-ci était sur le point de quitter le palais lorsque Hécube, essoufflée, le rattrapa.

— Épargne mon enfant, je t'en prie. Emmène-le loin d'ici afin que jamais ne s'accomplisse l'horreur de la prédiction. Je ne le verrai pas grandir mais au moins je le saurai vivant.

Le berger qui avait le cœur sensible s'en alla donc avec sur l'épaule un sac dans lequel il avait caché le nourrisson. Secrètement, il regagna son village dans la montagne et confia son précieux fardeau à sa femme qui venait elle aussi d'avoir un fils ; elle l'appela Alexandre.

Afin de faire croire au roi qu'il s'était bien acquitté de sa triste mission, le berger remit au roi la langue d'un chien en lui assurant que c'était celle du fils d'Hécube.

C'est depuis ce jour que Troie célèbre par des Jeux la mort du deuxième fils de Priam, Pâris. Cette année-là, le prix décerné au vainqueur sera un taureau. Ainsi en a décidé Priam qui envoie ses serviteurs en prélever un dans le troupeau du berger qui justement avait laissé la vie sauve à son fils. Pâris décide de participer aux Jeux. Il est fort et courageux et se sent de taille à rivaliser avec les meilleurs princes du royaume. Son père adoptif veut l'en dissuader mais rien n'y fait. Père et fils se mettent donc en route.

Toutes les épreuves, Pâris-Alexandre les gagne. Mais les autres fils du roi ne l'entendent pas ainsi. Jaloux, ils décident de tuer cet inconnu trop chanceux. Les épées sont dégainées quand le vieux berger court vers la tribune où siège le roi.

— Ô mon Roi, arrête-les ! C'est ton fils Pâris disparu depuis si longtemps qu'ils vont tuer !

Aussitôt, Priam convoque Hécube qui avoue. Loin d'être fâché, le roi fait porter en triomphe l'enfant qu'il croyait mort. Banquet et sacrifices célèbrent son retour malgré la mise en garde des prêtres qui n'ont pas oublié le songe prophétique.

— Je préfère que Troie soit détruite plutôt que de faire mourir mon fils enfin retrouvé ! leur dit Priam.

# Jeux

## VI

## La pomme de la discorde et le choix de Pâris

## 1 Test de lecture

**Es-tu un lecteur attentif ? Tu le sauras en répondant à ces questions.**

**A** — Coche la ou les bonnes réponses.

1 - La déesse de la discorde se nomme :

- [a] Éris.
- [b] Iris.
- [c] Thétis.

2 - Les parents de Pâris sont :

- [a] Pélée et Thétis.
- [b] Priam et Hécube.
- [c] Zeus et Héra.

3 - La plus belle femme du monde est :

- [a] Athéna.
- [b] l'épouse de Ménélas.
- [c] Hélène.

**B** — Relie chaque déesse au don qu'elle offre à Pâris.

| | |
|---|---|
| a - Athéna • | • 1 - la plus belle femme. |
| b - Héra • | • 2 - la souveraineté sur toute l'Asie. |
| c - Aphrodite • | • 3 - la victoire dans tous les combats. |

## 2 Culture générale

**Il n'est pas rare de trouver dans les contes un épisode où l'on charge un berger ou un chasseur de tuer le héros ou l'héroïne. Coche l'histoire où c'est le cas.**

- [a] Le petit Chaperon rouge
- [b] Cendrillon
- [c] Blanche-Neige
- [d] Le Petit Poucet
- [e] Le vilain petit Canard

**Héra est la femme de Zeus, le roi des dieux. Sa rancune est pourtant sans limites. Sais-tu qu'elle a pris part à la guerre de Troie pour se venger d'Aphrodite, sa rivale auprès de Pâris ?**

# Fiche d'identité

## Héra

**Portrait**
Représentée sous les traits d'une femme majestueuse, tenant souvent un sceptre à la main. Elle a auprès d'elle son oiseau favori, le paon.

**Signes particuliers**
Est très jalouse et rancunière. N'hésite pas à châtier ses rivales, même innocentes ou abusées par les métamorphoses de son époux. Poursuit d'une haine implacable leurs enfants.

**Née de :**
Cronos et Rhéa.

**Sœur de :**
Hadès, Zeus, Poséidon…

**Épouse de :**
Zeus.

**Mère de :**
Héphaïstos, Arès, Hébé.
Le monstre Typhon serait né d'elle seule, en réponse à la naissance d'Athéna.

**Profession :**
déesse de la Famille, protectrice du mariage.

**Adresse :**
l'Olympe.

**Animal :** le paon et le coucou (pour l'approcher, Zeus qui la convoitait l'abusa en se métamorphosant en coucou).

**Fruit :** la grenade.

**Sanctuaires où elle est vénérée :** Argos, Olympie, Samos (île où elle naquit, dit-on).

**Équivalent latin :** Junon.

# VII

# L'enlèvement d'Hélène

PÂRIS N'A PAS OUBLIÉ la promesse faite par Aphrodite. Il ne cesse même d'y songer depuis que le voici fils de roi. Il lui faut à tout prix traverser la mer pour se rendre à Sparte où il retrouvera celle que la déesse lui a promise. Fou d'amour avant même de la connaître, il lui importe peu d'avoir appris qu'elle était mariée. Il l'enlèvera, voilà tout. Afin de calmer son impatience, il participe lui-même à la construction du navire qui doit le mener en Grèce. La figure de proue représentera la déesse de l'Amour portant contre elle son enfant, Éros. Ainsi ce sera elle qui le mènera vers celle qu'elle lui a destinée.

Après des jours de dur labeur et des nuits sans sommeil tant la pensée d'Hélène l'obsède, l'aube du départ arrive enfin. Une bonne brise souffle qui gonfle les voiles.

Priam est là sur le port aux côtés de son fils. Soudain, un cri déchire le silence matinal.

— Pâris, ne pars pas ! Celle que tu vas enlever sera la cause d'innombrables morts. Je vois des armées se lever, des ruisseaux de sang couler aux pieds de nos remparts ! Tout brûle maintenant et tout, autour de moi, a la couleur de la cendre. Il eut mieux valu pour Troie que tu ne fusses jamais né !

La voix vient de la lucarne d'une tour.

— C'est Cassandre, l'une de mes filles. Ne l'écoute pas, elle délire. J'ai dû l'enfermer car elle prétendait lire dans l'avenir et n'annonçait que des catastrophes.

La voix s'est tue maintenant pour laisser place aux cris des mouettes. Les deux hommes s'étreignent une dernière fois et Pâris court embarquer.

Même s'il semble au jeune prince que la traversée est interminable, le voyage ne dure guère. Le voici bientôt à Sparte. Ainsi que l'exige l'hospitalité, Ménélas accueille son hôte avec tous les égards dus à son rang. Pas moins de neuf jours de festivités ! Pâris répond à la générosité du roi de Sparte en couvrant Hélène de présents somptueux. Chaque fois qu'il la regarde, il sent son cœur chavirer dans sa poitrine. Il lui semble même parfois qu'il va étouffer tant l'amour qu'il ressent pour elle l'oppresse. À table, il soupire. Comment exprimer à celle qui est si proche et si lointaine la passion qui le dévore ? Il devient audacieux. Prenant la coupe d'Hélène, il applique ses lèvres à l'endroit même où elle vient de boire. Ou encore humectant son doigt de vin, il écrit « je t'aime ». Hélène voit tout, Ménélas ne remarque rien. Elle est inquiète. Elle ne sait comment calmer tant d'ardeur déplacée et craint que Ménélas, découvrant la chose, ne l'accuse d'encourager Pâris.

— Hélène, je dois embarquer pour la Crète. Je te confie le royaume en mon absence et te demande de veiller sur notre hôte, lui annonce un matin son époux.

Hélène n'ose le retenir, lui dire que son départ est insensé. Il devrait rester ou l'emmener avec lui s'il veut la garder. Car déjà elle sent vaciller sa fidélité d'épouse. Elle n'est pas insensible à cette passion et craint de se donner à Pâris en l'absence de son mari. Hélène veut parler mais elle se tait. Que s'accomplisse ce qui doit être !

Ménélas parti, il ne s'écoule qu'une journée avant que Pâris et elle ne quittent Sparte. Aucun des deux alors ne se doute

« Même s'il semble au jeune prince que la traversée
est interminable, le voyage ne dure guère. »

que ce départ sera à l'origine d'une guerre sanglante, interminable et meurtrière.

Sur l'Olympe, Héra se réjouit et convoque sa messagère Iris.

— Tu m'as humiliée Pâris, en me préférant Aphrodite. Tu as choisi l'amour plutôt que la puissance que je t'offrais. Si l'enlèvement de Médée par Jason ou celui d'Ariane par Thésée ne leur ont rien coûté, n'espère pas que l'enlèvement d'Hélène ne te coûte rien. Iris, vole jusqu'en Crète afin d'apprendre à Ménélas que les deux amants cinglent vers Troie.

À l'annonce de cette nouvelle, Ménélas s'enflamme de colère.

— Je jure devant les dieux que cet acte odieux ne restera pas impuni. Je rappellerai aux princes grecs leur serment et, avec leur aide, nous ferons chèrement payer aux Troyens cet outrage.

Aussitôt des messagers sont envoyés par tout le pays. Mais si la Grèce tout entière bruit des armes que l'on affûte, certains princes renâclent à honorer leur promesse.

Sur l'île d'Ithaque, Ulysse aux mille ruses reste introuvable. Pénélope, sa femme, sait qu'il ne veut abandonner ni sa terre ni sa famille à cause d'une femme infidèle. Et elle ne dira rien ni à Agamemnon, ni à Ménélas qui l'interrogent. On arpente donc tout le pays afin de le retrouver, questionnant tous ceux que l'on rencontre.

Est-ce possible? Ce paysan-là qui laboure lui ressemble étonnamment! Mais à la place de grains, il jette du sel par-dessus son épaule. Agamemnon comprend : Ulysse simule la folie pour ne pas honorer sa parole.

— Qu'on aille chercher le fils d'Ulysse, Télémaque! Nous verrons bien si le roi de cette île est vraiment fou, ordonne Agamemnon.

Le jeune enfant est bientôt là et, au moment où le soc

tranchant de la charrue passe devant lui, Agamemnon pousse le petit et lance :

— Oseras-tu blesser ton fils unique, Ulysse ?

L'attelage s'arrête instantanément. Ulysse se précipite pour vérifier si son enfant n'est pas blessé. Le roi d'Ithaque, l'enfant dans ses bras, répond :

— Je vais te suivre, Agamemnon ; mais sache que je n'approuve pas cette expédition contre Troie. J'aurais préféré voir mon fils grandir, ajoute-t-il en caressant les boucles de Télémaque.

— Je te comprends, Ulysse. Je laisse moi-même femme et enfants. Mais j'ai besoin de toi pour retrouver Achille. Nul ne sait où il se cache.

— Or nous ne pouvons partir sans lui. Calchas, le prêtre d'Apollon, nous a prédit que Troie ne serait prise qu'avec son aide, ajoute Ménélas.

Ulysse, l'homme aux mille ruses, ne tarde pas à apprendre où le jeune Achille se cache. Le voilà en route pour Scyros déguisé en marchand. Dans ses bagages, il transporte d'innombrables colifichets, des bijoux, des ceintures et des robes brodées et, au beau milieu de tout cela, une épée à la lame acérée…

Arrivé au palais du roi, Ulysse obtient l'autorisation de se rendre au gynécée, l'appartement des femmes, et étale devant elles tous ses trésors.

— Princesses, regardez, touchez, essayez ! N'hésitez pas.

Excitées et émerveillées, les femmes s'approchent. Tout est déballé, soupesé, admiré. À ce moment retentit la sonnerie d'une trompette militaire et, dans la cour, résonne le cliquetis des armes comme l'avait demandé Ulysse à ses compagnons. Une femme alors retrousse sa robe jusqu'à la taille, s'empare de l'épée et, l'arme au poing, se rue vers la porte. En éclatant de rire, Ulysse lui barre le passage.

— Que fais-tu dans le gynécée, déguisé en femme, Achille ? Je croyais que tu étais un guerrier.

— Ne te moque pas. Ma mère craint que je ne meure si je pars combattre à Troie. C'est elle qui m'a supplié de m'affubler ainsi.

— Quitte ces vêtements qui ne te conviennent pas du tout, crois-moi. L'armée grecque t'attend car sans toi nous ne pouvons vaincre Troie.

Ces seules paroles convainquent aussitôt Achille, qui dans son cœur n'aspire qu'à la gloire et au combat.

— Je pars avec toi, Ulysse. Je demanderai à mon père une flotte de cinquante navires. Je crois aussi qu'il acceptera de me confier les armes qu'ont forgées pour lui les dieux : cela rassurera ma mère.

Quelques semaines plus tard, la flotte grecque mouille dans la baie d'Aulis. Tous les plus braves guerriers sont là et aucun ne doute de la victoire.

# Jeux
## VII
## L'enlèvement d'Hélène

### 1 Qui suis-je ?

**Trouve à quels personnages cités dans ce chapitre ces vers font allusion.**

A — Fils d'un guerrier très rusé,
J'étais tout petit lorsqu'il m'a quitté.
Quand il me retrouva, j'étais grand
Car son absence dura vingt ans.

***Qui suis-je ?*** ..........................................................................

B — Je suis la fille du roi de Troie.
Or Apollon, un jour s'éprit de moi.
Pour me séduire, le don de prophétie il m'accorda.
J'acceptais mais, me donner à lui, je ne le voulus pas.
Alors, il me punit sans pitié :
L'avenir, je le connaîtrai
Mais jamais personne ne me croirait.

***Qui suis-je ?*** ..........................................................................

C — Fils de Thétis et de Pélée,
On dit de moi que j'ai les pieds légers.
Il fallait que je participe à l'expédition de Troie
Sans quoi les Grecs ne gagneraient pas.

***Qui suis-je ?*** ..........................................................................

## 2 Énigme

**Pourquoi tous les princes grecs doivent-ils participer à la guerre et aider Ménélas à reconquérir Hélène ?**

***Réponse :*** ..........................................................

..........................................................

..........................................................

..........................................................

..........................................................

## 3 Que de femmes

**Étymologie** Dans ce chapitre, on te parle du « gynécée » qui était la partie de la maison réservée aux femmes.

Ce mot contient la racine grecque *gunê* qui a donné en français « gyne ». Elle signifie « femme ».

**Écris chaque mot de la liste qui suit en face de sa définition.**

**Liste :** gynécée - androgyne - misogyne - gynécologue

1 - Homme qui déteste les femmes : ..........................................

2 - Personne qui a des caractères
à la fois féminins et masculins : ..........................................

3 - Médecin qui soigne les femmes : ..........................................

4 - Appartement des femmes : ..........................................

**Apollon est le dieu solaire. Il est aussi le symbole de la beauté masculine. Sais-tu ce qui le distingue du dieu Hadès ?**

# Fiche d'identité

## Apollon

**Né de :** Zeus et Léto, dans l'île de Délos.

**Frère jumeau de :** Artémis.

**Époux de :** personne. Il aima la nymphe Coronis ; Daphné qui se refusa à lui et qu'il métamorphosa en laurier ; Clytie qui, délaissée par lui, se changea en héliotrope ; Cassandre qui, ayant obtenu le don de prophétie, ne voulut pas s'unir au dieu. Pour la châtier, Apollon lui retira le pouvoir d'être crue.

**Père de :** Esculade, qu'il eut de Coronis ; Phaéton, le plus célèbre des nombreux enfants nés de Clyméné.

**Profession :** dieu du Soleil qui donne la lumière, de la Musique et de la Poésie.

**Adresse :** l'Olympe dont Zeus l'exila deux fois.

**Animaux :** le dauphin et le corbeau.

**Arbre :** le laurier (en souvenir de Daphné).

**Lieux où sont rendus ses oracles :** Délos et surtout Delphes.

### Portrait

Toujours jeune, sans barbe. Porte un arc et des flèches (les rayons du soleil), la lyre (harmonie des cieux) ; sa chevelure est flottante et ceinte d'une couronne de lauriers.

### Signes particuliers

Lorsqu'il conduit le char du Soleil, on l'appelle Phoibos (Phébus) ; sur la Terre et aux Enfers, on le nomme Apollon. Il chante et joue merveilleusement de la lyre.

# VIII
# Le départ pour Troie ou le sacrifice d'Iphigénie

MILLE VAISSEAUX couvrent la mer dans la baie d'Aulis. Les voiles claquent dans le vent, et les proues dansent sur les vagues, toutes tournées vers l'Asie. Mais aucun navire n'appareille. C'est que ce vent qui souffle si fort est le vent du nord, contraire à la traversée. À chaque nouvelle aurore, le voyage est ajourné. Une semaine s'écoule, commence la suivante. L'armée grogne.

— C'est un mauvais présage…

— Les dieux ont sans doute été offensés.

— Nous ne pouvons plus attendre davantage. Il faut consulter le devin Calchas.

Sans plus tarder, on se rend auprès d'Agamemnon car tous l'ont désigné pour leur chef. Après avoir pris l'avis de son conseiller, le vieux et sage Nestor, Agamemnon convoque Calchas devant toute l'armée assemblée. Le vieillard prend la parole :

— L'un d'entre vous a offensé la déesse Artémis en se prétendant aussi habile qu'elle à la chasse. Il lui doit réparation. Afin d'apaiser son courroux, il devra lui offrir en sacrifice sa fille la plus belle. Sinon, jamais cette flotte ne lèvera l'ancre.

À ces mots, un murmure s'élève dans la foule. Une voix retentit :

— Calchas, donne-nous son nom !

Le vieux devin baisse la tête. Il hésite mais il ne peut se taire plus longtemps sans compromettre l'expédition car les hommes sont las d'attendre.

— Tu dois sacrifier ta fille Iphigénie, Agamemnon.

Un silence de mort accueille cette sentence.

Pâle, sans un mot, le chef de l'armée se retire dans son bateau. Nul n'ose le suivre. Les heures passent.

Agamemnon souffre. Horrifié, il se refuse à cet acte barbare. Quoi ! Sa chère Iphigénie, la joie de sa maison, la livrer à la hache ! Jamais il ne se souillera les mains du sang de son innocente enfant !

Telle est la décision qu'il fait connaître. Les Grecs alors se concertent. Le choix d'un autre chef apaisera peut-être le courroux d'Artémis ? Mais qui choisir parmi tant de braves ? Déjà des clans se forment qui inquiètent Ménélas. Comment vaincre l'ennemi si l'armée grecque est partagée ? Ne vient-on pas de lui rapporter qu'Ulysse parle de repartir dans sa patrie ? Ménélas décide donc de se rendre auprès de son frère Agamemnon afin de le convaincre.

— Il n'y a que toi qui puisses être notre chef car seul ton nom fait l'unanimité dans l'armée. Nous devons partir. Il faut punir les Troyens sinon aucun Grec ne sera plus sûr de l'hôte qu'il accueille.

— Je ne peux sacrifier mon Iphigénie.

— Que diront de toi ces hommes, de retour dans leur foyer ? Ne penseront-ils pas que tu es un lâche, un traître à ses alliés qui se sert de ce prétexte pour ne pas se battre ? Un lâche qui met les siens au-dessus de l'honneur ?

— Je ne suis pas un lâche, tu le sais. Mais quand bien même je consentirais à sacrifier ma fille, sa mère, elle, jamais n'acceptera de la laisser venir.

— Bien sûr ! Mais on peut trouver un prétexte. Ta fille pourrait venir à Aulis pour se marier avec Achille par exemple…

Agamemnon se tait. Un terrible combat se livre en lui-même. il aime tendrement sa fille, mais, en même temps, il ne peut supporter l'idée d'être considéré par ses soldats comme un lâche et un parjure. Enfin, rompant le silence, il s'exclame :

— Soit ! J'oserai donc égorger mon enfant pour aider à la guerre. Troie sera vaincue et la Grèce, grande.

Ayant pris cette décision, Agamemnon envoie un messager à Mycènes, ville dont il est le roi. Il y a laissé ses quatre enfants et Clytemnestre, sa femme. Bien qu'elle soit la sœur d'Hélène, elle est l'enfant de Tyndare, née du second œuf. Mais comme Hélène, la malédiction d'Aphrodite la poursuivra toute sa vie.

Pour l'heure, ignorante de ce qui se trame, elle demeure dans son palais entourée de ses trois filles, Iphigénie, Électre et Chrysotémis, et de son jeune fils, Oreste. Quel étonnement pour eux tous quand ils voient un messager arriver d'Aulis, à bride abattue.

— Clytemnestre, reine de Mycènes, Agamemnon t'annonce par ma bouche une grande nouvelle. Iphigénie doit me suivre car son père a décidé qu'elle épouserait Achille, le plus courageux des guerriers, avant notre départ pour Troie.

— Mais pourquoi tant de précipitation ? s'étonne la reine, perplexe.

— Le devin Calchas l'exige. Nous ne pourrons appareiller que lorsque ta fille aura accompli ce que les dieux attendent d'elle.

Dans le palais, les servantes se hâtent. Elles coiffent, habillent, parent Iphigénie dont l'émotion est grande. Tandis qu'on la couvre de ses bijoux, elle rêve à son futur époux.

— Croyez-vous qu'Achille soit beau ? On le dit plein de

« Dans le palais, les servantes se hâtent. Elles coiffent, habillent, parent Iphigénie dont l'émotion est grande. »

bravoure. Ô fassent les dieux qu'il ne meure pas sous les murs de Troie !

Électre et Chrysotémis ne peuvent lui répondre tant elles sont émues. Leur sœur va devenir une femme. Elle les quittera après la guerre. Finis les jeux, les rires, l'insouciance de l'enfance ! Oreste aussi est là, leur petit frère, dont les yeux s'emplissent tout à coup de larmes.

— Ne pars pas ! Quand je serai grand, je t'épouserai. Comme cela, tu ne seras pas obligée de partir et on ne se quittera jamais.

— Mon petit Oreste, dit Iphigénie en s'agenouillant devant lui et en le prenant dans ses bras, un frère ne peut épouser sa sœur. Mais ne t'inquiète pas. Sitôt le mariage célébré, je serai de retour. Je ne m'en irai d'ici que lorsque Achille reviendra de Troie.

Les préparatifs sont maintenant achevés. Après avoir longuement étreint les siens, Iphigénie se met en route avec le messager.

Quand elle arrive dans la baie d'Aulis, le nombre et la puissance de la flotte grecque l'impressionnent. Le port tout entier frémit du bruit des armes. Le soleil joue sur les casques, les boucliers et les lances. Elle doit plisser les yeux tant leur éclat l'éblouit.

— Mais où est mon père ? demande-t-elle au messager. Lequel de ces princes est Achille ?

L'inquiétude se lit sur son visage quand elle remarque que tous les hommes s'écartent sur son passage, comme s'ils craignaient de lui adresser la parole. Soudain, elle entend des éclats de voix.

— Agamemnon, j'apprends que tu t'es servi de mon nom pour attirer ta fille. Tu lui as fait croire qu'elle venait ici pour m'épouser !

— Achille, il le fallait pour décider sa mère qui, sans cela, jamais ne l'aurait laissée partir pour être sacrifiée.

— Peu importe ! Tu as mêlé mon nom à cette histoire. Et puisque Iphigénie croit me rejoindre pour m'épouser, je la protégerai et empêcherai qu'on ne la tue.

Pâle, Iphigénie apparaît dans le cercle qui s'est formé autour des deux hommes. Les mots qu'elle vient d'entendre se bousculent et résonnent dans sa tête. « Qu'on ne la tue !... Mourir, elle va mourir sacrifiée ! Non ! »

— Père, mon père ! hurle la jeune fille se jetant contre lui. Je ne veux pas mourir. Protège-moi.

Agamemnon entoure les épaules fragiles de sa fille. Ses sanglots s'apaisent car elle croit avoir amadoué son père. Mais, sans un mot, devant toute l'armée assemblée, celui-ci se dirige vers l'autel auprès duquel se tient Calchas. Il faut faire vite avant que Achille n'intervienne. Sur un signe d'Agamemnon, les ministres du sacrifice s'emparent de la jeune Iphigénie. Elle veut hurler mais sa belle bouche est vite bâillonnée. Alors elle cherche désespérément à s'accrocher au sol. En vain. Sa somptueuse tunique teinte de safran lui est enlevée. Privée de la parole, Iphigénie jette des regards éperdus à ses bourreaux qui maintenant tiennent d'une main ferme sa nuque sur le billot. La hache s'abat et aussitôt le vent du nord cesse de souffler.

# Jeux

## VIII

## Le départ pour Troie ou le sacrifice d'Iphigénie

### 1 Charades

**De qui ou de quoi s'agit-il ?**

A— Mon premier est la boisson des gens sobres.
Mon second est la fleur des rois.
Mon tout est le lieu de rassemblement
de l'armée grecque.

***Réponse :*** ..............................................

B — On entrepose les marchandises
d'un navire dans mon premier.
Mon second signifie hold-up
en langage familier.
Mon tout connaît l'avenir.

***Réponse :*** ..............................................

C — Mon premier est le nom d'un arbre
en deux lettres.
Mon deuxième est le verbe faire
à la troisième personne du singulier
du passé simple.
Mon troisième est un synonyme de surdoué.
Mon tout permet aux Grecs de partir pour Troie.

***Réponse :*** ..............................................

D — Mon premier est la première voyelle.
Mon deuxième est une suite de notes de musique dans un ordre précis.
Mon troisième est un synonyme de « identique ».
Mon quatrième est le contraire de oui.
Mon tout est le chef suprême de l'armée grecque.

***Réponse :*** ..............................................

## 2 Vrai ou Faux ?

**Es-tu un lecteur attentif ? Coche la bonne case (« V » pour « Vrai », « F » pour « Faux »).**

1 - les Grecs ne peuvent partir car l'un d'eux a offensé la déesse Athéna.

V F

2 - Agamemnon doit sacrifier sa fille pour apaiser une déesse.

V F

3 - Agamemnon a trois enfants.

V F

4 - Oreste est le frère d'Iphigénie.

V F

5 - Le nom de la femme d'Agamemnon est Chrysotémis.

V F

**Cette fille de Zeus aime la forêt et la chasse. Connais-tu son frère jumeau ? A-t-elle beaucoup de points communs avec lui ?**

# Fiche d'identité

## Artémis

### Portrait

Fière et hautaine en habits de chasse. Ses jambes et ses pieds sont nus. Ses cheveux sont noués par-derrière et son front est surmonté d'un croissant, symbole de la Lune.

### Signes particuliers

Porte différents noms en fonction des lieux qu'elle fréquente (comme son jumeau Apollon) :
- la nuit, Séléné (la Lune) ;
- sur la Terre, Artémis ;
- aux Enfers, Hécate.

Possède un cortège de nymphes : les soixante Océanies et les vingt Asies.

**Née de :**
Zeus et Léto.

**Sœur jumelle de :**
Apollon.

**Épouse de :**
personne.
Elle ne voulut jamais se marier.

**Profession :**
déesse de la Chasse, des Bois et de la Lune.

**Adresse :**
les bois et les forêts.

**Animaux :**
la biche et le sanglier.

**Personnalité :**
goût affirmé pour la chasse.
Elle porte donc sur le dos un carquois et des flèches.

**Sanctuaire :**
le plus célèbre est celui d'Éphèse.

**Jour consacré :**
lundi.

**Équivalent latin :**
Diane, déesse de la Lune.

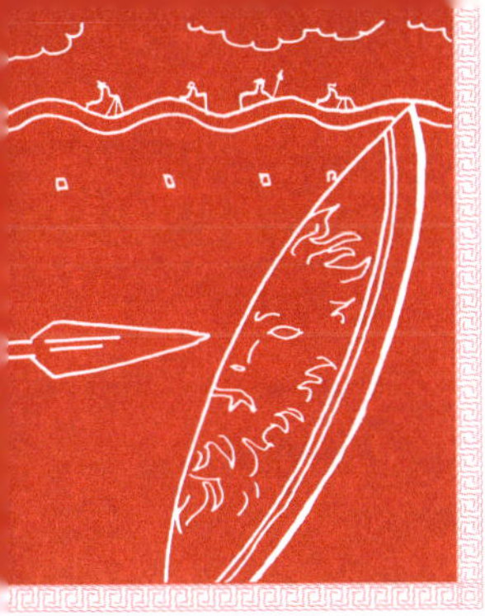

# IX

# La guerre de Troie

NEUF ANS SE SONT ÉCOULÉS depuis le départ d'Aulis. Car si l'armée grecque est puissante, la cité de Troie ne l'est pas moins, elle qui jamais n'a voulu restituer Hélène enlevée par Pâris. Le roi Priam est confiant. Il sait qu'il peut compter sur ses nombreux fils, tous braves et courageux. L'un d'eux surtout, Hector, les surpasse tous et sans nul doute, égalera au combat Achille, le champion des Grecs.

Les dieux eux-mêmes, à propos de cette guerre, sont partagés et se rangent dans un camp ou dans l'autre. Héra et Athéna, bien sûr, appuient les Grecs tandis qu' Aphrodite, imitée par Arès, accorde son soutien aux Troyens. Apollon et Artémis sont eux aussi les alliés de Priam contre Poséidon qui favorise les Grecs, ce peuple de hardis marins. Quant à Zeus, même s'il préfère les Troyens, il se cantonne dans une prudente neutralité car il craint d'affronter la colère d'Héra qui ne supporte pas que son époux soit ouvertement d'un avis opposé au sien.

Ainsi pendant neuf années, la victoire oscille d'un camp à l'autre. Un jour, cependant, une querelle éclate au sein des Grecs. Elle oppose une fois de plus Agamemnon à Achille et a pour origine une femme, la prêtresse troyenne Chryséis, enlevée par les Grecs et offerte à Agamemnon. Or depuis cet enlèvement, ils ne connaissent que des revers militaires et, pire encore, la peste les décime. Jour et nuit, les bûchers funéraires flambent et cette hécatombe inquiète les hommes, impuissants devant cette épidémie meurtrière.

Devant l'assemblée des chefs réunis par Achille, le devin Calchas prend la parole :

— Apollon est irrité contre toi, Agamemnon. Il veut que Chryséis, sa prêtresse, soit rendue à son père.

Tous acquiescent à cette exigence. Seul Agamemnon en conçoit une vive colère, mais il se voit contraint de céder devant la détermination d'Achille.

— Chryséis était ma prise d'honneur. Si je la perds, je suis lésé dans ma part de butin. J'exige qu'une autre captive me soit remise en échange, déclare-t-il à Achille.

Aussitôt de retour sous sa tente, Agamemnon ordonne à deux de ses hommes de s'emparer de Briséis, l'une des captives d'Achille. De mauvais gré, ils s'acquittent de leur mission. Ils vont quitter le camp d'Achille quand ce dernier survient.

— Je sais qui vous envoie et je n'attenterai pas à votre vie. Emmenez-la mais je jure solennellement devant les dieux qu'Agamemnon me paiera cher cet outrage !

Sur ces mots, le héros rentre sous sa tente et n'en sort plus. Que les Grecs se battent ! Lui ne participera plus aux combats et songe maintenant au retour.

Le lendemain, la bataille reprend, acharnée. Très vite dans les rangs troyens, le bruit court qu'Achille ne se bat pas. Cette nouvelle décuple les forces des soldats de Priam qui forcent dangereusement leurs adversaires à reculer. Voyant que l'ennemi est près d'atteindre leur flotte, Agamemnon ordonne de cesser le combat.

Priam, observant les armées du haut de ses remparts, les voit tout à coup tenir des conciliabules puis se ranger face à face.

Voici maintenant Ménélas et Pâris qui sortent des rangs, ajustent leur bouclier et leur casque. Le vieux roi comprend, et il ne peut que se réjouir de cette sage solution : les deux hommes doivent s'affronter dans un combat singulier.

Pâris, le premier, lance son javelot qui heurte lourdement le bouclier de son rival. Ménélas alors lance le sien. Plus chanceux, il a déchiré la tunique de Pâris et, sans attendre, dégaine violemment son épée. Mais celle-ci se brise. Sa haine pour le Troyen est telle, qu'à mains nues, il bondit sur lui et le saisissant par le cimier de son casque, il l'entraîne déjà vers les lignes grecques. Mais Aphrodite veille sur son protégé. Invisible, à ses côtés, elle détache la jugulaire du casque et, dans un nuage de poussière, soustrait Pâris à Ménélas. Ce dernier, fou de rage, parcourt les rangs ennemis. Grecs et Troyens cherchent Pâris. Mais tous se rendent à l'évidence : le lâche a disparu. Agamemnon s'avance et s'adresse aux deux armées :

— Vous tous pouvez témoigner que Ménélas a combattu loyalement et qu'il est sorti vainqueur de cette lutte. Ainsi que nous en avions convenu, Troie doit nous rendre Hélène et mettre ainsi un terme à cette guerre trop longue.

Les soldats approuvent la justesse de ces paroles et s'apprêtent à partir quand Ménélas s'écroule, blessé par une flèche troyenne. C'est Héra, aidée par Athéna, qui a persuadé l'un des Troyens de mettre fin à cette trêve. Car la souveraine des dieux ne souhaite pas simplement la victoire des Achéens, elle veut la destruction totale de Troie.

De nouveau, à cause de cette traîtrise, les deux armées se dressent l'une contre l'autre. Du côté grec, l'absence d'Achille se fait cruellement sentir. Au contraire, Hector semble être partout à la fois, invincible. Nul ne lui résiste, et sa lance fauche plus d'un valeureux guerrier.

La nuit tombe sur les cris d'agonie des mourants, couchés sur une terre gorgée de sang. Dans le camp des Grecs, ce n'est que chagrin et deuil.

— Cela ne peut plus durer. Nous perdons trop d'hommes. Il faut se rendre à la raison et nous résigner à partir, propose Agamemnon qui a réuni les chefs de l'armée.

— Non. Tu as offensé Achille et, sans lui, tu sais très bien que nos hommes perdent courage et audace. Tu dois savoir le moyen d'apaiser sa colère. Si nous retournons en Grèce, nous sommes déshonorés, lui répond Nestor.

— J'admets que j'ai agi comme un insensé. Je renverrai Briséis à Achille et, avec elle, de nombreux présents, promet Agamemnon à ses compagnons.

Mais Achille, toujours sous sa tente, refuse l'offre malgré l'éloquence que déploie Ulysse pour le convaincre.

— Aucun trésor ne peut me faire revenir sur ma parole. Je suis décidé à partir et vous seriez sages de m'imiter.

Mais à peine l'aube rougit-elle le ciel que les combats reprennent. Après quelques succès, les Grecs connaissent à nouveau de graves revers. Poursuivis par l'ennemi, ils quittent la plaine, et arrivent à l'endroit où mouillent leurs navires. Leurs poursuivants détruisent sans mal les fortifications qui les protégeaient, comme des enfants, en riant, piétinant les édifices de sable qu'ils ont construits.

Patrocle, l'ami d'Achille, voit tout cela. Lorsqu'un bateau grec prend feu, il fait irruption dans la tente et s'exclame :

— Reste à ruminer ta colère Achille. Si tu peux supporter que tes amis soient ainsi massacrés, pas moi ! Prête-moi ton armure. En la voyant, les Troyens trembleront et les Grecs reprendront courage. Notre flotte déjà prend feu.

— Pars. Je te laisse mes armes. Ordonne aux Myrmidons

« Pâris, le premier, lance son javelot
qui heurte lourdement le bouclier de son rival. »

de te suivre. Je ne puis me battre pour des hommes qui m'ont déshonoré. Je ne te rejoindrai que si notre propre flotte est menacée.

À la vue de l'armure et sous l'assaut de ces forces nouvelles, l'ardeur des Troyens vacille. Patrocle se bat comme Achille lui-même. Mais soudain, devant lui, Hector en personne. Hélas, la mort l'attend, aussi sûre que celle d'un sanglier rencontrant un lion. Sous la lance du Troyen, Patrocle s'affaisse, tué sur le coup. Hector lui enlève alors son armure et la revêt. Comme habité par la force d'Achille, Hector devient ce jour-là invincible.

Plus tard, dans l'obscurité qui a mis fin à la bataille, une voix rugit :

— Je ne peux vivre parmi les hommes si Hector ne me paie de sa vie celle de Patrocle !

C'est Achille qui hurle son chagrin et sa colère à l'annonce de la mort de son ami Patrocle. Sa mère entend son désespoir. La déesse marine, Thétis, accourt pour tenter de l'apaiser. En larmes, elle dit :

— Mon fils, j'ai tenté en vain de te retenir. Je savais qu'il te fallait choisir entre une vie longue mais sans gloire ou bien une existence brève mais glorieuse. Tu as choisi. Sache maintenant que ton destin est de mourir aussitôt après Hector.

— Peu m'importe ! Je tuerai le meurtrier de mon ami et accueillerai avec joie la mort quand elle le voudra !

— Attends demain. Tu n'as plus d'armure. Laisse-moi t'en rapporter une, façonnée par Héphaïstos lui-même.

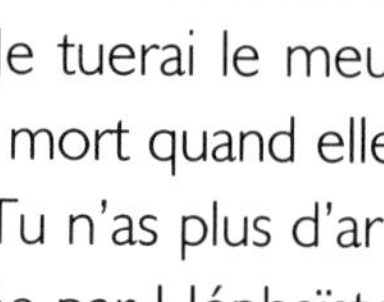

# Jeux

## IX

## La guerre de Troie

## 1 Test de lecture

### A — La bataille fait rage. Relie d'une même couleur les guerriers et les dieux qui appartiennent au même camp.

*Attention* : certains dieux, ceux qui ont fait l'objet d'une fiche d'identité, sont représentés par l'un de leurs attributs.

**Camp des Grecs**

Patrocle

Ulysse

Priam

Nestor

Agamemnon

Hécube

Achille

Athéna

Aphrodite

Ménélas

Hector

**Camp des Troyens**

### B — As-tu lu attentivement ce chapitre ? Coche la réponse qui te semble juste.

1 - Apollon est courroucé car les Grecs ont enlevé sa prêtresse :

- [a] Chrysotémis.
- [b] Briséis.
- [c] Chryséis.

2 - La colère d'Achille est provoquée par le rapt de sa captive :

- [a] Chrysotémis.
- [b] Briséis.
- [c] Chryséis.

**Arès est un dieu très impressionnant dont on rapproche le nom de la racine grecque *ar* qui signifie « détruire ». Saurais-tu dire quelles fonctions il occupe ?**

# Fiche d'identité

## Arès

### Portrait

De taille énorme et doté d'une voix tonitruante. Tantôt nu ou en costume de guerre, il est armé d'un casque, d'une lance et d'un bouclier et porte sur sa poitrine l'égide.

### Signes particuliers

Très puissant et furieux, Arès aime la guerre pour elle-même. Sur les champs de bataille, il est accompagné d'Éris, sa sœur (la discorde). Ses attributs guerriers sont devenus le symbole de la sexualité masculine.

**Né de :** Zeus et Héra, en Thrace, pays des orages, des chevaux et des guerriers. Il fut élevé par Priape.

**Frère de :** Héphaïstos, Hébé, Éris.

**Époux de :** personne. N'a pas d'épouse légitime. Il est l'amant d'Aphrodite mais a contracté de nombreuses unions. Tous ses descendants ont eu un sort peu enviable.

**Père de :** Éros et Harmonie, ses plus célèbres enfants qu'il eut d'Aphrodite. Père également des Amazones, ces femmes guerrières.

**Profession :** dieu de la Guerre et de la Mort Violente.

**Adresse :** l'Olympe.

**Animal :** le vautour.

**Sanctuaire :** aucune cité grecque ne lui était dédiée. Les Romains le vénéraient bien plus que les Grecs ne l'aimaient.

**Jour consacré :** mardi.

**Équivalent latin :** Mars.

# Documentation

## IX

## Achille

On raconte que Poséidon et Zeus tombèrent tous deux amoureux de la belle déesse marine, Thétis. Mais, ayant appris par un oracle que l'un de ses fils surpasserait son père, ils renoncèrent aussitôt à elle, préférant la marier à un simple mortel, Pélée.

Acceptant mal que ses enfants possèdent le caractère mortel de leur père, Thétis les plongeait dans le feu à peine nés. Six garçons périrent ainsi. Pélée réussit à arracher des flammes le septième de ses fils. Il le confia au centaure Chiron qui le nomma Achille. Le nouveau-né ayant le talon brûlé, Chiron lui greffa un fragment d'os de géant. Cette opération valut à Achille d'être très doué pour la course d'où l'expression « Achille aux pieds légers ». C'est pendant son enfance qu'Achille se liera d'amitié avec Patrocle, lui aussi confié à Chiron.

On raconte aussi que Thétis immergea Achille dans les eaux du Styx afin de rendre son corps invulnérable, sauf le talon par lequel elle le retenait. C'est ainsi qu'il restera le seul point vulnérable du héros.

## Les Myrmidons

L'histoire de ce peuple est étonnante. Tout commence à cause de l'infidélité de Zeus avec Égine, dont il a un fils, Éaque. Devenu roi de l'île qui porte le nom de sa mère, Égine, il règne sur un peuple nombreux et pacifique. C'est alors que Héra, folle de jalousie, envoie la peste. Éaque supplie son père de lui redonner un peuple aussi nombreux que les fourmis qu'il a sous les yeux.

Le lendemain, un spectacle étonnant attend Éaque : une armée approche, aussi innombrable que des fourmis… Zeus avait exaucé le vœu de son fils. La cité fut vite repeuplée par ces hommes courageux et industrieux auxquels on donna le nom de Myrmidons qui vient d'un mot grec signifiant « fourmi ».

X

# La mort d'Hector

LE LENDEMAIN, lorsque Achille sort de sa tente, revêtu de son armure prodigieuse, tous sont éblouis. Le bronze qui le recouvre resplendit tel le feu, tel l'astre solaire au levant. Mais Achille, portant ses regards sur ses compagnons, ne voit que désolation. Les plus valeureux sont blessés et forment une armée misérable. Honteux, il s'adresse à eux :

— Insensé que je fus ! Vous abandonner ainsi parce qu'une simple captive m'avait été enlevée ! Oublions cela et retournons nous battre.

Dans la grande plaine qui s'étend devant Troie, le combat reprend, âpre et meurtrier. Sous la conduite d'Hector, les Troyens luttent avec vaillance pour défendre les murs de leurs demeures. Achille, lui, sans jamais se reposer, taillant en pièces tous ceux qu'il rencontre, cherche partout Hector. Sa soif de vengeance décuples ses forces. Devant une telle hécatombe, pour la première fois depuis longtemps, les Troyens reculent et demandent qu'on leur ouvre les portes où ils s'engouffrent en nombre. Seul reste dans la plaine Hector. Du haut des remparts, ses parents le supplient de se mettre à l'abri. Mais, insensible à leurs prières, il attend Achille. « Plutôt tuer Achille ou mourir glorieusement que de fuir comme un lâche », se dit-il.

Mais à la vue du champion des Grecs, son cœur bondit dans sa poitrine. La peur le saisit. Il s'élance, épouvanté. Achille le

« Le combat reprend, âpre et meurtrier.
Sous la conduite d'Hector, les Troyens luttent… »

poursuit, se rapproche tel l'épervier prêt à fondre sur la colombe. Tous deux courent à perdre haleine, l'un fuyant, l'autre le talonnant. Par trois fois, ils font le tour de Troie car, chaque fois qu'Hector atteint les hautes portes, Achille l'oblige à regagner la plaine.

Mais Athéna, impatiente de l'issue du combat, use de ses pouvoirs pour aider Achille. Elle prend l'apparence d'un frère d'Hector qui lui propose de faire face à leur ennemi. Rassuré par cette présence, Hector arrête sa course, s'avance vers Achille.

— Je te propose un accord. Si je te tue, je remettrai ta dépouille aux Grecs. Je te demande d'agir de même si tu es victorieux.

— Le lion et le loup concluent-ils un traité avec l'agneau ? Pas de pacte entre nous ! Montre ta hardiesse.

Hector le premier lance son javelot. À peine la pique partie, il crie à son frère de lui tendre la sienne. Aucune réponse. Hector se retourne. Avec horreur, il s'aperçoit que personne ne se tient auprès de lui.

— Athéna, tu m'as abusé mais je ne périrai pas sans me défendre.

L'épée au poing, il se rue sur son adversaire. Le cœur plein d'une haine sauvage, Achille avise un endroit vulnérable dans cette cuirasse qu'il connaît bien : là où le cou se rattache à l'épaule. Aussitôt, la pointe de sa lance s'y enfonce jusqu'à sortir de l'autre côté. Achille triomphe.

— Pauvre fou, j'étais absent le jour où tu tuas Patrocle ! Mais ta mort ne suffit pas à ma soif de vengeance. Je livrerai ton corps en pâture aux chiens errants et aux oiseaux !

Puis il arrache la lance du cadavre et lui enlève l'armure qui le protège. Les Grecs l'entourent, trop heureux de porter un coup sur ce corps sans vie. Sans un mot, Achille les écarte. Il perce les tendons des deux pieds et y passe deux lanières qu'il attache à son char où il monte enfin. Sous les coups de cravache, les bêtes s'élancent, si rapides qu'elles semblent voler. Le corps d'Hector rebondit, sa tête heurte avec violence le sol. Le sang et la poussière maculent ce visage autrefois si fier.

Ainsi plusieurs fois, Achille accomplit le tour de la ville. Enivré par sa propre violence, il n'entend pas les plaintes, les gémissements de la foule des Troyens massés sur les remparts. Il ne voit pas Andromaque, l'épouse d'Hector, arracher son diadème et les bandeaux qui retiennent ses beaux cheveux. Folle de douleur, elle se griffe le visage en gémissant :

— Hector, te voilà mort ! Tu me laisses veuve et laisses ton fils Astyanax orphelin. Qui va maintenant le protéger contre la férocité des Grecs ? Et toi ? Je ne peux supporter l'idée que ton corps soit livré aux chiens puis aux vers grouillants !

Mais Aphrodite a pitié d'un tel désespoir. La nuit, elle veille sur le cadavre d'Hector, empêchant les chiens de le dévorer et, le jour, Apollon l'entoure d'un nuage pour le protéger de l'ardeur des rayons du soleil. Zeus enfin est ému par la douleur de Priam : il ordonne qu'Achille, après les funérailles de Patrocle, rende le corps d'Hector à son père.

Nul ne peut résister aux ordres de Zeus et la volonté du dieu s'accomplit.

Après la mort d'Hector et ses funérailles, Achille sait qu'il doit mourir. Mais avec vaillance, il continue de combattre jusqu'à ce jour où, ayant réussi à repousser les Troyens sous leurs murs, Pâris lui décoche une flèche mortelle. Atteint au talon, il s'écroule, mort.

# Jeux

## X

## La mort d'Hector

## 1 Qui suis-je ?

**Trouve à quel personnage ces vers font allusion.**

Je suis l'épouse du plus brave des Troyens.
Épouvantée, j'ai vu Achille livrer son corps aux chiens.
Je verrai aussi Troie livrée aux flammes
Et je serai la captive d'un roi qui me voudra pour femme.
Mais jamais je n'accepterai
Car jamais mon Hector n'oublierai.

***Qui suis-je ?*** ..............................................................................................

## 2 Test de lecture

**Es-tu un lecteur attentif ? Réponds aux questions suivantes.**

A — Quel est le nom du dieu qui fabrique à Achille son armure ?

***Réponse :*** ..............................................................................................

B — Quels dieux veillent sur le corps mort d'Hector ?

***Réponse :*** ..............................................................................................

C — Quelle déesse abuse Hector ?

***Réponse :*** ..............................................................................................

## 3 Culture générale

**Certains couples sont restés inoubliables tant l'amour qui les unissait était puissant. Relie chacun à sa chacune.**

| | |
|---|---|
| a - Iseult • | • 1 - Hector |
| b - Eurydice • | • 2 - Abélard |
| c - Andromaque • | • 3 - Osiris |
| d - Isis • | • 4 - Tristan |
| e - Héloïse • | • 5 - Orphée |

## 4 Que de multiples

**Vocabulaire**

À la page 80, il est écrit au sujet de Achille que « sa soif de vengeance décuple ses forces ». Tu sais sans doute que le verbe « décupler » a un sens proche de « multiplier », mais plus précis.

**A — Saurais-tu relier chaque chiffre qui suit à son multiple ?**

| Chiffres | Multiples |
|---|---|
| a - 2 • | • I - sextuple |
| b - 3 • | • II - décuple |
| c - 4 • | • III - double |
| d - 5 • | • IV - octuple |
| e - 6 • | • V - triple |
| f - 8 • | • VI - quadruple |
| g - 10 • | • VII - quintuple |

**B — « Décupler » signifie donc « multiplier par .................. ».**

**Étymologie**

Le mot « hécatombe », utilisé aussi à la page 80, désignait à l'origine le sacrifice à un dieu de cent bœufs. Il a pour racine grecque le mot *hekaton*, suivi de *bous* qui signifie « bœuf ».

**C** — D'après les informations étymologiques données ci-contre, écris quelle quantité désigne *hekaton*.

***Réponse :*** ..............................

**Fils de Zeus, Héphaïstos prit un jour la défense de sa mère Héra. Les conséquences pour lui furent-elles heureuses ou funestes ?**

# Fiche d'identité

## Héphaïstos

**Portrait**
Homme d'âge mûr, barbu, tient dans la main droite un marteau et, de la gauche, des tenailles.

**Signes particuliers**
Être difforme, hideux, il est boiteux depuis le jour où Zeus le jeta du haut de l'Olympe : Héphaïstos avait reproché à son père d'avoir suspendu Héra par les poignets dans le ciel (quand Zeus avait voulu ainsi la punir d'une révolte qu'elle avait fomentée contre lui).

**Né de :**
Zeus et Héra,
dont il est le premier enfant.

**Frère de :**
Arès, Hébé.

**Époux de :**
Aphrodite, la déesse de l'Amour.

**Père de :**
Érichthonios.
Héphaïstos désira très fort posséder Athéna venue chercher des armes. Sa semence se répandit sur la Terre et donna naissance à Érichthonios.
On ne lui connaît pas de descendance avec Aphrodite.

**Profession :**
dieu du Feu, armurier et forgeron des immortels. Il forge les foudres de Zeus.

**Adresse :** l'Olympe.
Sa résidence terrestre a d'abord été l'île volcanique de Lemnos où Prométhée vola le feu.
Il s'établit finalement dans les profondeurs de l'Etna.

**Animal :** le lion.

**Équivalent latin :** Vulcain.

# XI

# Le cheval de Troie

LA GUERRE continue de s'éterniser… Voilà dix ans que les Achéens ont quitté leur patrie et Troie reste invincible. Ulysse réfléchit. « Là où la lutte a échoué, la ruse doit réussir, se dit-il. Il faut parvenir à pénétrer cette citadelle imprenable et l'attaquer par surprise ou renoncer à jamais ».

Un matin, les soldats grecs surprennent Ulysse en train de dessiner sur le sable un immense cheval. À ses côtés, un artisan écoute attentivement ses explications. Le jour même, les forêts de sapins du mont Ida tremblent sous les coups de hache. Quelques jours plus tard, un gigantesque cheval de bois se dresse dans le camp des Grecs. Par les soins d'Ulysse, très vite la rumeur court à Troie que ce cheval est une offrande pour Athéna afin que celle-ci accorde enfin une prompte victoire à ses alliés.

Sur les remparts de Troie, les moqueries vont bon train. Mais Cassandre qui est là ne rit pas.

— Troyens, ce cheval est l'œuvre du perfide Ulysse. C'est lui qui perdra Troie car vous voudrez le faire entrer dans nos murs et…

Mais les railleries couvrent la voix de la prophétesse maudite et l'empêchent de poursuivre.

Quelques jours plus tard, les guetteurs de Troie n'en croient pas leurs yeux. Disparues les voiles blanches de la flotte !

Silencieux le rivage et déserts les camps ennemis ! il ne reste que l'immense cheval.

Comme une traînée de poudre, la nouvelle se répand dans la cité de Priam. On ouvre alors les portes toutes grandes, on se presse, on se bouscule. Dans l'allégresse, on piétine les emplacements où, la veille encore, on se battait encore avec rage. Là se tenait la tente d'Achille, ici celle de l'Atride Agamemnon, ailleurs le campement de ce fourbe d'Ulysse. Mais ce cheval, qu'en faire maintenant que les Grecs sont partis ?

— Emmenons-le dans notre ville, dit le premier.

— Détruisons-le plutôt, rétorque le deuxième.

— Mais n'allons-nous pas offenser Athéna ? ajoute un troisième.

Tous restent perplexes quand ils voient accourir à eux Laocoon, le grand prêtre.

— Ce cheval est une invention d'Ulysse pour nous perdre ! Pourquoi l'a-t-il construit ? Pour nous le laisser en cadeau ? Certainement pas. Et si tel est le cas, je crains les Grecs jusque dans leurs présents. Cette machine, il l'a construite pour nous espionner ou, qui sait, pour y cacher des soldats. Si vous m'en croyez, détruisons-la.

Et sur ces paroles, il jette son javelot sur le flanc de l'animal. Certains s'apprêtent à l'imiter quand s'élève un bruit de voix. On vient de faire un prisonnier ! La colère gronde dans la foule. Mais avant de le mettre à mort, il faut l'interroger. Qui est-il ?

— Je suis Sinon.

— Pourquoi es-tu le seul Grec à être resté ?

— À cause de notre devin, Calchas. Si nous voulions retrouver notre patrie, nous devions immoler aux dieux un jeune homme. Calchas m'a désigné mais j'ai profité de la nuit pour m'échapper.

— Et pourquoi ce cheval de bois ?

— Pour Athéna. Mais elle a refusé notre offrande. Il ne nous restait plus qu'à partir.

— C'est une offrande de taille !

— Oui. Pour vous empêcher de l'introduire dans Troie. L'oracle est formel : si vous parvenez à le faire entrer, votre cité sera inexpugnable à tout jamais. Mais si vous le détruisez, un grand malheur s'abattra sur votre nation.

Sinon semble sincère. Pourquoi ne pas le croire ? Laocoon et ses deux fils hochent la tête, méfiants. Mais Poséidon ne leur laisse pas le temps d'exprimer leurs inquiétudes. Surgissent de la mer deux énormes serpents marins. La foule hurle de terreur tandis qu'ils rampent sur la grève et vont droit sur le grand prêtre. Lui et ses enfants, ils les enserrent dans leurs anneaux, broient leur corps dans une dernière étreinte et les rejettent, pantelants, sur le sable.

— Laocoon a offensé Athéna. Unissons nos efforts pour transporter le cheval dans notre citadelle.

— Mais jamais il ne franchira nos portes !

— Alors faisons des brèches.

Et toute la journée s'écoule à cette besogne. Les uns démantèlent une muraille, les autres glissent des roues sous les pieds du cheval puis attellent à son cou des cordages. Ensuite, tous ensemble s'arc-boutent, tirent, poussent tandis que les petits enfants les encouragent de la voix et que chantent les jeunes filles.

À la nuit tombée, le cheval trône au cœur de la ville. Partout sur les autels, on brûle de l'encens, on offre des sacrifices, on orne la ville comme pour une fête. Résonnent des chants et des rires qui s'éteignent peu à peu dans cette première nuit de paix retrouvée.

L'obscurité et le silence enveloppent Troie comme un linceul quand Sinon quitte sa couche.

Considéré comme un ami par les Troyens, il peut sans crainte, alors que tous dorment, aller ouvrir les lourdes portes aux Grecs revenus par mer. Sans bruit, les flancs du cheval s'ouvrent. Un à un les chefs achéens se laissent glisser jusqu'au sol. Aussi silencieux qu'Artémis, ils déposent aux quatre coins de la ville des torches embrasées. En un instant la ville prend feu.

Enfin, les Troyens s'éveillent mais il est trop tard. Qu'importe ! Ils se battent avec l'énergie du désespoir.

Quand l'aube enfin paraît, les cadavres jonchent les rues, plus un bâtiment n'est debout. Il ne reste de la fière cité que des cendres. Andromaque, Cassandre, Hécube et tant d'autres attendent sur la grève d'être emmenés en captivité de l'autre côté de la mer. À ce massacre n'ont échappé qu'Énée et son père Anchise. C'est qu'Aphrodite, destine leurs descendants à un glorieux avenir : ils fonderont la ville qui deviendra plus tard la capitale du monde, Rome.

Quant à Hélène, elle retrouvera Ménélas et saura lui dire que ce sont les dieux cruels qui ont joué avec sa vie et que nul ne peut espérer échapper au destin qu'ils vous réservent.

« L'oracle est formel : si vous parvenez à le faire entrer, votre cité sera inexpugnable à tout jamais. »

# Jeux

## XI

## Le cheval de Troie

### 1 Qui suis-je ?

**Trouve à quel personnage et à quelle ville ces vers font allusion.**

A — On m'appelle parfois le dieu à la chevelure bleue.
Je ne compte plus mes enfants tant ils sont nombreux :
Polyphème est le nom de l'un d'entre eux,
Le cyclope qu'aveugle Ulysse avec un pieu en feu.
Dans ce chapitre, les deux serpents sont envoyés par moi
Car je suis allié des Grecs et résolument contre Troie.

*Qui suis-je ?* ..........................................................................

B — Mon cheval est fameux.
Achille y mourut.
Mon nom vient après deux.
Pour tout cela je suis connue.

*Qui suis-je ?* ..........................................................................

### 2 Culture générale

**Un auteur du XVIIe siècle a écrit de nombreuses pièces s'inspirant de la guerre de Troie. « Iphigénie » et « Andromaque » sont deux de ses tragédies. Entoure son nom parmi ceux qui te sont proposés.**

a - Victor Hugo b - Molière c - Racine

## 3 Charades

**De qui s'agit-il ?**

**A —** Mon premier est une conjonction de coordination.
Mon second est l'organe par lequel on respire.
Mon tout réussira à échapper au massacre des Grecs.

***Réponse :*** ...............................................

**B —** Mon premier a de nombreuses dents.
Quand je ne veux pas dire oui je dis mon second.
Les Troyens ne se méfient pas de mon tout.

***Réponse :*** ...............................................

## 4 Mots imbriqués

**Dans la grille, chaque case contient une syllabe. Reconstitue les 14 noms propres figurant dans ce chapitre. Colorie les cases au fur et à mesure que tu les utilises et écris les noms que tu trouves sur une feuille à part.**

| | | | | | | |
|---|---|---|---|---|---|---|
| CAL | U | A | NÉE | SAN | O | SE |
| LA | AN | SI | CU | MA | DI | NA |
| HÉ | É | DRO | CHAS | A | A | EN |
| CHÉ | DRE | AN | PHRO | HÉ | MÉ | LÉ |
| CAS | CO | LYS | SE | NÉ | NE | TE |
| THÉ | QUE | BE | NON | CHI | LAS | ON |

# Documentation

## XI

### L'Iliade de Homère

Ces chapitres sur la guerre de Troie sont pour une grande part une adaptation de L'*Iliade*, œuvre attribuée au poète Homère. Dans cette épopée (long poème relatant les aventures d'un héros), Homère raconte la colère d'Achille contre Agamemnon et son refus d'aller combattre. « Iliade » vient du mot « Ilion » qui est l'autre nom donné à Troie.

Ce poème était récité par cœur par des conteurs dont c'était le métier, les aèdes. Ils allaient de ville en ville, racontant les aventures des héros grecs devant un auditoire qui ne se lassait jamais de les entendre. Homère fut l'un d'eux. Il vécut au IXe siècle avant Jésus-Christ. On dit aujourd'hui qu'il est l'auteur de l'*Iliade* et de l'*Odyssée* (qui raconte les aventures d'Ulysse). En fait, il a raconté ces poèmes dans un style tellement précis, tellement beau qu'on a décidé de ne plus rien changer à sa version. Son *Iliade* et son *Odyssée* ont été couchées par écrit au VIe siècle avant notre ère.

### La guerre de Troie

L'épisode de la guerre de Troie est historique. Elle aurait eu lieu douze siècles avant Jésus-Christ, environ. On se serait transmis le souvenir de cette guerre en se la racontant de bouche à oreille, en la déformant tellement qu'elle serait devenue légendaire.

L'*Iliade* ne nous donne pas le motif réel de cette expédition contre Troie. Est-ce que les Grecs sont allés si loin pour se procurer des chevaux, car les Troyens avaient la réputation d'être d'excellents éleveurs de chevaux ? (Hector est d'ailleurs appelé par les Troyens « le dompteur de chevaux »). Nul ne le saura jamais. Ce qui est sûr, c'est que cette ville était riche, prospère et le centre d'échanges commerciaux entre l'Est et l'Ouest. À ce titre, elle suscitait beaucoup de convoitise.

# XII

# La vengeance de Clytemnestre

IL NE RESTE DE TROIE que des cendres fumantes après cette nuit qui restera pour les survivants une nuit d'horreur éternelle.

Tandis qu'Agamemnon charge ses navires du riche butin qu'il rapporte, il songe à sa famille restée à Mycènes. Sans doute aura-t-il de la peine à reconnaître ses enfants qui auront bien grandi ! Le souvenir d'Iphigénie alors lui revient en mémoire. Clytemnestre lui a-t-elle pardonné, depuis tant d'années ?

Non, Clytemnestre n'a jamais oublié le crime horrible perpétré par un père contre sa fille…

Lorsqu'on a annoncé, dix années auparavant, la mort d'Iphigénie, une femme s'est mise à hurler dans Mycènes. Elle se frappait la poitrine, arrachait ses voiles découvrant ses longs cheveux. Ses cris étaient repris par d'autres femmes et des chants funèbres emplissaient le palais et la ville tout entière. C'était Clytemnestre. Comme une louve éperdue cherchant son petit, elle errait et ses pas la portaient dans toutes les cours, dans toutes les chambres qu'hantait sa fille tant aimée.

Les jours se sont écoulés, mais, au lieu d'apaiser sa peine, ils n'ont fait qu'accroître sa haine envers Agamemnon. Elle veut venger sa fille que l'on a immolée. C'est ce à quoi elle pense lorsque des serviteurs annoncent un voyageur qui demande à lui parler.

— Je suis Égisthe, le fils de Thyeste. Ton époux, il y a des années maintenant, a chassé mon père de ce trône sur lequel tu es assise.

— Que veux-tu ? Me chasser parce que mon époux est absent ?

— Non, je viens simplement me mettre à ton service puisque je n'ai pu rejoindre l'armée grecque.

— Agamemnon vous a chassés de Mycènes, toi et ton père, et tu ne songes pas à te venger ?

— Il ne sert à rien de désirer ce que l'on ne peut réaliser.

L'audience que la reine accorde à Égisthe s'éternise…

Quelque temps plus tard, tous les Mycéniens qui se souviennent de la lutte fratricide entre Atrée et Thyeste, s'étonnent de voir Égisthe conseiller la reine dans les affaires du royaume. Des rumeurs circulent. Ces deux-là ne trameraient-ils pas un complot contre leur souverain absent ? Et cette guerre qui n'en finit pas !

Égisthe, de fait, se comporte comme le roi de Mycènes. On murmure même qu'il est l'amant de Clytemnestre.

Une nuit, alors que tous dorment dans le palais, Égisthe se dresse brusquement sur sa couche. Il est trempé de sueur.

— Clytemnestre, murmure-t-il en secouant le bras de la reine endormie auprès de lui. Je viens de faire un songe où j'ai vu Hermès. Les dieux savent que nous voulons envoyer Agamemnon au royaume d'Hadès.

— Comment les dieux pourraient-ils s'opposer à notre projet ? Rien ne me fera reculer et je me passerai de ton aide si un simple songe t'effraie.

— Ne parle pas ainsi. Je suis aussi résolu que toi mais il faudra nous méfier d'Oreste qui vengera son père, m'a dit Hermès.

— Oreste n'est qu'un enfant. Ce qui m'inquiète davantage, c'est un retour inopiné d'Agamemnon. Il faut trouver un moyen sûr d'être avertis dès qu'il quittera Troie afin de mettre en œuvre notre plan. J'y ai déjà songé et je crois avoir trouvé une solution.

Agamemnon regarde la rive s'éloigner. Enfin le retour ! Avant son départ, il n'a pas oublié de faire brûler un grand feu au sommet du mont Ida, ainsi que le lui a mandé Clytemnestre. À ce signal, d'autres feux s'allumeront de terre en terre, d'une île à l'autre jusqu'à sa patrie, l'opulente Mycènes. Et le dernier brasier annoncera aux siens l'imminence de son arrivée.

À Mycènes, l'effervescence règne depuis que le guetteur posté sur le toit du palais a vu le signal. La ville est en liesse et les vieux sages de la cité attendent devant les hautes portes du palais. Le messager qui précède le roi arrive enfin.

— Réservez un bon accueil à votre souverain qui revient après dix ans d'absence. Il est le vainqueur de Troie et mérite tous les honneurs.

Clytemnestre s'avance.

— Dis à mon époux qu'il se hâte. Dis-lui aussi qu'il trouvera ici une femme fidèle, telle qu'il l'a laissée, et ses richesses intactes.

Mais ces paroles de miel ne rassurent pas les vieux de la cité. Un pressentiment gâte leur joie. Tous connaissent la malédiction originelle qui, inéluctablement, se transmet d'une génération à l'autre. À peine une douleur se cicatrise-t-elle qu'un innocent périt. Aucun doute que la mort d'Iphigénie appelle une vengeance. Pourquoi le retour d'Agamemnon n'a-t-il pas chassé du palais Égisthe, l'amant de Clytemnestre quoi qu'elle en dise ?

Mais voici le roi sur son char. À ses côtés, une jeune fille, belle, digne, absente à la foule qui la dévisage curieusement. Tandis que s'ouvrent les portes, Clytemnestre apparaît, souriante, radieuse dans la clarté du jour.

— Entre dans ta maison, mon cher époux. Que de fois j'ai

craint pour ta vie ! Vois, mes yeux ont perdu leur éclat. C'est à force de pleurer ton absence et de guetter les signaux enflammés annonçant ta victoire et ton retour. Tu m'apparais aujourd'hui comme la terre aux matelots désespérés, comme la source au voyageur assoiffé. Suis-moi.

— Ma joie à te retrouver égale la tienne. Mais avant de te suivre, je te prie de prendre soin de Cassandre, la captive que tu vois sur mon char. C'est la fille de Priam, l'un des joyaux de mon butin.

Sur ces derniers mots, Agamemnon entre dans le palais. Clytemnestre se tourne alors vers la jeune captive royale et l'invite à y pénétrer à son tour. Mais Cassandre reste muette. Clytemnestre ne veut pas s'attarder davantage et la laisse parmi les vénérables notables qui se sont approchés.

— Regardez ! Le visage de Cassandre est hagard et ses lèvres semblent bouger toutes seules. Elle va parler, s'exclame l'un d'eux.

— J'ai entendu dire qu'Apollon lui a donné le pouvoir de prédire l'avenir, mais que personne ne veut jamais la croire.

— Ô Apollon ! Pourquoi m'as-tu conduite ici et quelle est cette maison ?

— Celle des Atrides, répond un vieillard.

— Hélas, malheur ! s'écrie Cassandre. Entendez-vous des enfants hurler ? Les voyez-vous là assis ? Ils pleurent, les pauvres enfants tués par leurs parents. Ils tiennent entre leurs mains leurs entrailles dont leur père s'est régalé.

— Elle parle de Thyeste. Mais comment connais-tu l'histoire de cette maison ?

Sans répondre, Cassandre descend du char. Elle se met à tourner sur elle-même. Sa bouche est une ruche d'où sort le bourdonnement de paroles insensées :

— Ah ! Voyez ce que la misérable s'apprête à faire ! Agamemnon sort maintenant du bain. Elle, l'épouse, est là. Maintenant ses mains impatientes jettent sur lui un lourd filet. Ah ! mes yeux se brouillent comme si la noire mort les obscurcissait... Pris au piège comme un poisson, il tombe, le vainqueur d'Ilion et, elle, la femelle, elle le frappe de trois coups de hache. Exécrable chienne, tu hurles ta joie comme si tu avais mis en déroute toute l'armée. C'est elle aussi, la lionne sur deux pattes qui va bientôt me tuer. Son fer à double tranchant me fendra la tête. Mais je l'affirme, les dieux ne laisseront pas impunis ses crimes. À son tour un autre viendra nous venger. Un fils est là qui jamais n'oubliera que sa mère tua son père. En franchissant les hautes portes de cette demeure, je pénètre au royaume d'Hadès. Fassent les dieux que le coup qu'elle me portera soit sûr pour fermer à tout jamais mes yeux tandis que doucement s'épandra mon sang !

Et, disant ces paroles, elle entre dans le palais. Émus, certains vieillards tentent de la retenir, inutilement. Cassandre, la prophétesse maudite par Apollon, sait que nul ne peut empêcher que s'accomplissent ses paroles.

Sur elle se referment pour toujours les portes de la maison d'Atrée. Le silence qui s'ensuit ne dure que peu de temps. Un cri déchire le silence : Agamemnon agonise sous les coups mortels de Clytemnestre.

Reprenant leurs esprits, les vieillards se concertent un moment, puis décident de pénétrer à l'intérieur du palais pour savoir la vérité. Ils s'y apprêtent quand voici Clytemnestre.

— Enfin, ma vengeance est accomplie. Agamemnon n'est plus. Les taches qui souillent ma robe sont celles de son sang. Rosée sanglante aussi douce à mon cœur que l'est celle qui humecte une terre aride.

— Femme, nous te bannissons et le peuple te haïra quand il apprendra ton crime.

— Vous me condamnez alors que vous n'avez rien dit quand cet homme, pour obtenir un vent favorable, a immolé sa propre fille, l'enfant née de mon ventre !

— Femme arrogante, tu paieras ce meurtre !

— Ce meurtre, ma main l'a accompli mais voyez en elle l'instrument de la malédiction qui poursuit les descendants d'Atrée. Vous ne pourrez rien contre moi car Égisthe est là qui me protégera.

— Toi et lui, vous périrez sous les malédictions et les pierres que le peuple…

— Aboie toujours, vieillard ! Égisthe et moi resterons les maîtres de cette maison et saurons restaurer un ordre que tu menaces.

«...elle le frappe de trois coups de hache. »

# Jeux

## XII

## La vengeance de Clytemnestre

### 1 Mots emmêlés

**Dans cette grille, tu trouveras, bien cachés, dix noms propres.**

*Attention* : les mots cachés peuvent être écrits à l'envers, horizontalement, verticalement et même en diagonale.

**Voici des indices qui te permettront de les retrouver.**

1 - Épouse d'Agamemnon.
2 - Époux d'Hélène.
3 - Frère de Ménélas.
4 - Fils de Thyeste.
5 - Fille de Priam.
6 - La plus belle femme du monde.
7 - Frère de Thyeste.
8 - Fils de Clytemnestre.
9 - Ville dont Agamemnon est le roi.
10 - Frère d'Atrée.

| | | | | | | | | | | | | | |
|---|---|---|---|---|---|---|---|---|---|---|---|---|---|
| R | O | E | G | F | O | A | L | I | N | O | B | U | E |
| S | A | V | R | P | R | C | E | J | B | E | H | I | T |
| F | T | E | S | T | E | O | R | T | M | U | I | V | A |
| E | R | D | N | A | S | S | A | C | R | B | N | P | B |
| G | E | O | D | C | T | E | U | F | F | O | H | J | K |
| I | E | A | R | Z | E | U | N | L | N | E | A | P | V |
| S | H | M | M | O | B | R | S | M | L | C | D | V | B |
| T | U | N | E | E | F | S | E | E | E | G | M | A | E |
| H | B | R | N | R | L | M | N | R | I | T | R | L | I |
| E | F | A | E | J | A | E | E | O | L | H | Y | O | M |
| O | L | D | L | G | O | L | C | B | O | K | X | L | D |
| R | R | E | A | L | T | H | Y | E | S | T | E | I | C |
| E | X | E | S | I | V | L | M | D | T | L | Y | I | Z |
| S | A | N | R | U | E | L | V | O | U | O | A | V | X |

**Hadès, l'un des trois maîtres de l'univers des Grecs, possède un point commun avec Artémis, la déesse de la Chasse. Retrouve-le !**

# Fiche d'identité

## Hadès

**Portrait**
Vieillard à la barbe épaisse, il a l'air sévère et le visage marqué. Souvent représenté avec son casque et tenant une fourche ou une pique.

**Signes particuliers**
Sa couleur est le noir. On ne lui sacrifie que des animaux de couleur sombre et toujours en nombre pair. Possède un casque, présent des Cyclopes, qui le rend invisible.

**Né de :**
Cronos et Rhéa.

**Frère de :**
Zeus, Poséidon, Héra…

**Époux de :**
Perséphone.

**Père de :**
aucun enfant.

**Profession :**
dieu des Enfers et des Métaux précieux enfouis sous la terre.

**Adresse :**
royaume des Morts, sous la Terre, qu'il quitte rarement.

**Animal :**
Cerbère.

**Arbre :**
le cyprès.

**Équivalent latin :**
Pluton.

# XIII

# Électre

AU MÊME MOMENT, dans le gynécée, avec des gestes que la hâte rend fébriles, Électre enveloppe Oreste d'un vêtement qu'elle-même a tissé. Puis elle ordonne :

— Nourrice, conduis secrètement Oreste jusque chez le roi Tyndare, notre grand-père. Notre père est mort et je crains qu'Égisthe ne veuille faire disparaître notre race en tuant mon frère. Plus tard qu'il aille à la cour du roi Strophios. Va vite !

— Oreste m'est plus précieux que mes prunelles. Je ferai tout ce que tu me dis.

Après cette tragédie, les saisons, les années ont passé. Personne ne parle plus d'Agamemnon. Mais dans le palais, Électre vit dans le souvenir. Elle refuse d'oublier. Chaque jour, elle revoit cette scène affreuse : sa mère armée de la hache sanglante avec laquelle elle vient de tuer son père. Sa mère, heureuse d'avoir vengé Iphigénie, sa fille chérie, et à ses côtés, Égisthe son amant. Sa sœur, la soumise Chrysotémis, tente de la raisonner.

— Électre, je connais ton désir de vengeance. Je le partage mais que pouvons-nous faire, nous misérables femmes ?

— Tu sembles oublier Oreste. Je sais qu'il reviendra pour venger notre père.

— En attendant, je te supplie de cacher la haine que tu éprouves. Vois à quoi cela t'a menée. Égisthe t'a chassée du palais et tu vis, étroitement surveillée, misérable, parmi les servantes et les captives de Troie. Tes mains sont abîmées par les durs travaux ménagers et je souffre de te voir avec ces guenilles sur le dos. Cesse tes imprécations et tes insultes et je suis certaine que notre mère et Égisthe te pardonn…

— Jamais ! Ces noms d'adultères et de meurtriers sont les seuls qu'ils méritent. Quoi ! tu me demandes de voir Égisthe s'asseoir sans pudeur sur le trône, tenir le sceptre de mon père, monter ses chevaux et porter ses vêtements mêmes, sans dire un mot ! Je les hais et je veux qu'ils le sachent. Je n'ai qu'une raison de vivre : me venger.

— Et si Oreste ne revient jamais ? Tu ne pourras même pas compter sur un fils puisque, à cause de ton attitude, Égisthe renvoie tous les princes venus demander ta main. Il redoute trop que tu aies un fils qui venge notre père Agamemnon.

— Laisse-moi maintenant à mon triste sort. Je dois aller offrir des libations à celui que tu voudrais me voir oublier.

Et Chrysotémis s'en retourne au palais, navrée de n'avoir pu ramener à la raison sa sœur révoltée. Électre, elle, se rend sur la tombe de son père. Sur la route, elle rêve sombrement. En dépit de l'assurance qu'elle affiche devant Chrysotémis, elle craint qu'Oreste n'ait oublié. Que fait-il depuis toutes ces années, lui sur lequel elle fonde tant d'espoirs ?

Non, Oreste se souvient. Chassé de sa maison, privé des biens et d'un trône qui lui reviennent, il s'est d'abord caché quelques années chez ses grands-parents, puis à la cour du roi Strophios, son oncle. Là, Pylade, le fils du souverain, est devenu son inséparable compagnon. C'est avec lui qu'il a joué, puis à lui qu'il a confié ses doutes déchirants : certes la justice exige qu'il tue les meurtriers d'Agamemnon, mais un fils peut-il tuer sa propre mère sans être abhorré des dieux et des hommes ?

Pour le savoir, Oreste décide de consulter l'oracle de Delphes. Sur son trépied, la pythie en transe dit à Oreste la volonté d'Apollon :

— Le sang appelle le sang.

— Mais celle qui a tué mon père est ma mère… murmure dans un souffle Oreste.

— Si tu refuses, tu mourras, mais, auparavant, tu encourras la colère des morts : la lèpre rongera peu à peu ton corps. Un œil étincellera dans les ténèbres te privant de sommeil, terrorisant tes nuits. Agité, fou de terreur, tu seras contraint d'errer, rejeté par tous. Tels seront les maux qui t'accableront si tu ne venges pas ton père.

« …Oreste décide de consulter l'oracle de Delphes. Sur son trépied, la pythie en transe dit à Oreste la volonté d'Apollon… »

# Jeux

## XIII

## Électre

## 1 Qui suis-je ?

**Trouve à quels personnages ces vers font allusion.**

A — Tous dans ma famille sont les jouets du destin :
Ma sœur connut tout d'abord une horrible fin,
Puis mon père fut par ma mère tué,
Et mon autre sœur n'a qu'une idée : se venger.
Moi, je souffre de la voir par Égisthe maltraitée.

*Qui suis-je ?* ..............................................................

B — Dans toute la Grèce, j'ai grande renommée
Et de partout l'on vient me consulter.
Je sais interpréter les songes
Et je guide ceux que l'indécision ronge.
Par ma bouche, c'est Apollon qui prédit
Et toujours se réalise ce que j'ai dit.

*Qui suis-je ?* ..............................................................

## 2 Charades

**De qui s'agit-il ?**

A — Tout ce qui brille n'est pas mon premier.
Le soleil se lève à mon second.
Mon tout est le frère d'Électre.

***Réponse :*** ..............................................

B — Mon premier est une herbe aromatique.
La guêpe pique avec mon second.
Mon tout est le grand-père d'Électre.

**Réponse :** ..........................................

C — De mon premier sort le lait de la vache.
Mon deuxième est bien fatigué.
Mon troisième vient avant trois.
Mon tout est inséparable d'Oreste.

**Réponse :** ..........................................

## 3 Test de lecture

**As-tu lu attentivement ce chapitre ? Tu le sauras en complétant le texte qui suit avec les noms propres qui conviennent.**

1 - .................................. n'a pas oublié le meurtre de sa mère, .....................................................

2 - Elle veut venger son père ..........................................

3 - Elle déteste .................................. qui s'assied sur son trône et règne en maître à ...................................

4 - Sa sœur, ......................................, essaie de la raisonner, mais elle ne veut rien entendre : elle attend le retour de son frère .................................. qui lavera ce crime dans le sang. Mais au fond d'elle-même, un doute la ronge.

5 - Réfugié auprès de leur grand-père ..................................., puis à la cour du roi ......................................, ce frère n'a-t-il pas oublié son devoir de vengeance ?

6 - Elle ignore encore qu'il est allé consulté la pythie de .................................. qui lui a fait savoir la volonté du dieu des oracles, ..................................

« Le sang appelle le sang ».

# Documentation

## XIII

### Les oracles

Pour les Grecs anciens, les dieux connaissaient l'avenir, les hommes l'ignoraient. Mais les Grecs pensaient que les dieux leur parlaient, exprimaient leur volonté par l'intermédiaire d'êtres particuliers et sacrés, les oracles. C'est pourquoi, lorsqu'ils devaient prendre une décision importante, ils consultaient ces oracles dans des temples édifiés à cet usage.

### Les officiants des oracles

La plus célèbre est « la pythie » ou Pythonisse de Delphes. Par sa bouche, Apollon manifestait sa volonté. Ce nom de pythie vient du mot grec *puthia*, de *puthô* qui est l'ancien nom de Delphes. À l'origine, elle ne rendait ses oracles qu'une fois par an, au début du printemps, après un cérémonial immuable : après s'être baignée dans la fontaine de Castalie, elle jeûnait trois jours durant, ne mâchant que des feuilles de laurier (plante dédiée à Apollon). Puis, ayant accompli plusieurs autres cérémonies, elle était conduite par les prêtres jusqu'à son trépied (siège comportant 3 pieds). C'est alors qu'elle entrait en transe et proférait des cris, des hurlements. Les prêtres qui l'entouraient se chargeaient alors d'interpréter pour le suppliant les paroles parfois obscures que la pythie venait de prononcer.

Plus tard, le temple compta plusieurs pythies. Pour les choisir, les prêtres obéissaient à des critères rigoureux : l'élue devait être vierge, une enfant légitime et avoir été élevée dans une grande simplicité. C'est pourquoi la pythie était souvent d'origine modeste.

Les Grecs consultaient aussi les sibylles. Celles-ci prédisaient l'avenir. Chaque temple avait la sienne. La plus célèbre était la sibylle de Cumes. Il lui arrivait d'écrire ses prédictions sur des feuilles volantes. Mais il était très difficile d'en comprendre la signification. Il nous reste aujourd'hui l'adjectif « sibyllin » qui signifie : difficile à interpréter, obscur, énigmatique.

# XIV

# Le retour d'Oreste

APRÈS CET ORACLE, Oreste n'a pas le choix. Pylade et lui se mettent donc secrètement en route pour Mycènes. Arrivés aux abords du palais, Oreste s'arrête devant la tombe d'Agamemnon. Ses yeux se brouillent. C'est donc vrai : Clytemnestre l'a fait enterrer hâtivement en dehors du palais dans un misérable tombeau. Alors qu'il se recueille, des captives, les vêtements en lambeaux en signe de deuil et portant des vases pour les libations, s'approchent. Oreste et Pylade se dissimulent vivement derrière un fourré : il ne faut pas qu'on les voie ici, leur présence risquerait d'éveiller des soupçons. Mais n'est-ce pas Électre, cette jeune fille au regard triste et sombre qui mène le cortège ? Versant sur la pierre tombale l'eau lustrale et après avoir invoqué les dieux infernaux, elle adresse cette prière :

— Ô père, prends pitié de moi et de ton fils Oreste. Regarde, ils ont fait de moi une esclave et privé ton fils de ses richesses, tes assassins. Fais qu'Oreste revienne et te venge !

Ému par la voix de sa sœur dont il a été si longtemps séparé, Oreste paraît devant elle.

— Les dieux t'exaucent. Je suis Oreste !

— Comment te croire, étranger. N'est-ce pas une ruse pour me perdre ?

— Reconnais-tu ce manteau, celui dont tu m'as enveloppé

la nuit du meurtre ? dit alors Oreste, ayant sorti le vêtement à la hâte d'une besace qu'il porte sur l'épaule.

Après l'avoir examiné un moment, la jeune fille n'a plus de doute.

— Oreste ! crie-t-elle alors en se jetant à son cou.

Longuement, tous deux s'embrassent.

— Oh ! Oreste ! Je n'ai plus que toi.

Et tout l'amour que cette dure vie l'oblige à cacher en elle, elle le lui offre : l'amour porté à un père trop tôt disparu, la tendresse qu'elle refuse à une mère devenue odieuse, l'affection qu'elle portait à une sœur morte sur l'autel. Tout, tout cet amour est pour lui. Mais maintenant qu'il l'a rejointe, qu'il prenne garde ! S'ils l'ont trouvée dans ce lieu, sur la tombe d'Agamemnon, c'est à cause d'un songe de leur mère. La veille, Clytemnestre a rêvé : prenant son enfant pour le mettre au sein, elle découvrait un serpent ! Il se jetait bouche béante sur sa mamelle et en tirait autant de sang que de lait. Aussitôt, en pleine nuit, on allume mille flambeaux, et la reine épouvantée, comprenant qu'elle a encouru la colère du mort, envoie ses esclaves verser des libations pour l'apaiser. Mais Électre avait adressé au défunt une prière en son nom propre.

— Ni pardon, ni pitié pour les assassins, conclut Électre.

— Je suis le serpent de ce rêve, ajoute Oreste. Et mon épée tirera le sang de ce sein qui jadis me nourrit !

— Oui, mais agissons avec ruse et habileté car ce rêve a dû les alerter sur ton retour, dit alors Pylade. Il nous faut un plan qui nous permette de pénétrer dans le palais sans éveiller les soupçons...

Peu de temps après, deux hommes se présentent aux portes de Mycènes.

— Qui êtes-vous et que voulez-vous ? demande le garde.

— Dis à ta maîtresse de venir. Nous sommes envoyés par le roi Strophios.

Clytemnestre apparaît. Elle ne reconnaît pas Oreste, qui pour s'adresser à elle a pris un fort accent étranger :

— Nous venons de Daulis en Phocide. Le roi Strophios nous a chargés de t'annoncer la mort de ton fils Oreste. L'urne que tu me vois porter contient ses cendres. Veux-tu que je te la laisse pour qu'il soit enterré dans sa patrie ou dois-je la ramener en terre étrangère ?

— L'émotion me noue la gorge et je ne peux te répondre. Attends ici mon retour.

La reine est soulagée : elle a eu tort de s'alarmer pour un simple rêve. Oreste mort, que peut-elle craindre maintenant ? À la première servante rencontrée, elle demande :

— Cours vite chercher Égisthe. Qu'il vienne me retrouver sans tarder. Je dois le consulter sur une nouvelle très importante qui le réjouira.

La servante se hâte malgré son grand âge. Elle pleure, la pauvre vieille Geilissa. Car c'est elle, la nourrice d'Oreste, qui lui fit quitter le palais en secret, il y a bien des années de cela. Et elle parle tout haut, la pauvre folle.

— Aïe, Aïe ! Apprendre cela, la mort de mon Oreste. Tous les malheurs qui accablent cette maison, je les ai supportés car je te savais vivant. Oui, j'espérais te voir régner sur cette maison, la tienne. Mon tout petit ! Je t'ai connu pas plus gros que mon poing. Tu ne savais pas alors dire si tu avais faim ou soif. De quelle voix tu criais alors ! J'essayais de deviner tes besoins rien qu'à tes cris, mais, ma foi, je me trompais souvent. Combien de fois aussi, plus tard, je me suis levée la nuit parce que tu avais fait un cauchemar ! Pour te calmer, je devais te garder longtemps serré contre moi et te fredonner toujours le même air.

Hélas, je ne peux plus rien pour toi maintenant ! Et je vais devoir voir Égisthe se réjouir de… La vieille ne peut achever sa phrase tant elle a de peine.

Témoin de l'entrevue entre la reine et ces deux hommes, une captive a suivi Geilissa. Émue par le chagrin de la nourrice, elle la rejoint.

— Ne pleure plus. Cours le chercher et surtout dis-lui de venir seul. Souris en lui apprenant la nouvelle ; de toi dépend le succès d'une ruse. Zeus changera bientôt nos malheurs en joies. Crois-moi. Dépêche-toi !

Lorsque Égisthe arrive, Pylade tient l'urne entre ses mains. À peine pousse-t-il un soupir de contentement qu'Oreste surgit et, sans un mot, lui tranche la tête devant un serviteur médusé.

Clytemnestre, dans le gynécée, entend des cris. On cherche à forcer la porte, on l'appelle.

— Eh, bien ! Que se passe-t-il ? Pourquoi ces cris ? demande-t-elle au serviteur qui tente de reprendre son souffle.

— Égisthe est mort ! Oreste…

Clytemnestre comprend. Déjà, elle s'empare d'une hache. Oreste est là, devant elle, son épée rougie du sang d'Égisthe.

— Tu l'as tué !

— Tu l'aimais et bien tu le rejoindras dans le même tombeau.

Clytemnestre, se ravisant, abandonne la hache dont elle s'était saisie. Sa voix s'adoucit :

— Oreste, tu n'avais pas encore de dents lorsque tu as sucé le lait coulant de ce sein.

— Pylade, non ! Je ne peux pas ! s'écrie Oreste qui s'est détourné de sa mère et adresse maintenant un regard suppliant à son ami Pylade.

— Rappelle-toi Apollon. Ne deviens pas l'ennemi d'un dieu en refusant de lui obéir.

« — Mon fils, tu ne dois pas accuser ta mère
de ce meurtre mais plutôt le destin. »

— Mon fils, tu ne dois pas accuser ta mère de ce meurtre mais plutôt le destin.

— N'as-tu pas entendu les paroles de Pylade : c'est le destin aussi qui veut que tu meures.

— Redoute les Érinyes qui me vengeront !

— Je le sais, mais je ne peux pas ne pas venger mon père.

— Tu es donc bien le serpent de mon rêve.

— Il ne fallait pas tuer mon père.

Et couvrant ses yeux de son manteau, Oreste enfonce sa lame dans le sein de sa mère, Clytemnestre.

# Jeux

## XIV

## Le retour d'Oreste

## 1 À compléter

**Étymologie** Dans ce texte, Oreste doit tuer sa mère. C'est un **matricide**. Ce mot est composé de deux racines latines : *mater* signifiant « mère » et « cide » qui vient de *caedere* signifiant « tuer ».

**Voici une liste de mots contenant tous l'élément « cide ». Écris devant chaque définition le mot qui lui correspond.**

**Liste :** fratricide - régicide - parricide - homicide - suicide - insecticide.

**Définitions**

a - action de se tuer soi-même : ..................................................

b - action de tuer son frère : ..................................................

c - qui tue les insectes : ..................................................

d - action de tuer le roi : ..................................................

e - acte de tuer un homme : ..................................................

f - acte de tuer son père : ..................................................

## 2 Charade

**De qui s'agit-il ?**

Mon premier est le nom d'un oiseau des bois.
Mon deuxième n'a pas une ride.
Mon troisième est la forme contractée de cela.
Mon tout est le nom de la nourrice d'Oreste.

***Réponse :*** ..................................................

# Documentation

## XIV

### Les Érinyes

Ces créatures existent depuis l'origine du monde : elles sont nées du sang d'Ouranos, père de Cronos, tombé sur la Terre quand Cronos le mutila afin de lui ravir le trône et la puissance. Elles veillent à protéger l'ordre établi et l'harmonie au sein des familles et de la cité. Leur mission est de persécuter les grands criminels, de venger les victimes innocentes. Tous ceux qui ont commis des actes contre nature sont poursuivis par elles sans relâche. Ces monstres munis d'ailes et aux cheveux de serpents vivent d'ordinaire dans l'Érèbe (lieu où erraient les ombres infortunées dont les corps n'avaient pas reçu de sépulture), la première des quatre régions des Enfers. Nombreuses, les Érinyes ne sont que trois à porter un nom :

• Tisiphoné porte une robe maculée de sang et veille aux portes du Tartare (troisième région des Enfers et prison des dieux) quand elle n'est pas sur Terre. Dès qu'un homme est déclaré coupable, elle le poursuit, munie d'un fouet dont elle le frappe sans cesse. On la rendait responsable des épidémies et des fléaux qui s'abattaient parfois dans le pays.

• Mégère, sa sœur, se plaît à faire naître querelles et discordes parmi les hommes en même temps qu'elle s'acharne sur les coupables avec plus de férocité encore que sa sœur. Son nom est devenu un nom commun qui sert à désigner aujourd'hui une femme acariâtre et méchante.

• Alecto, aussi acharnée que les deux autres, est souvent représentée tenant des vipères, des torches et des fouets dans ses deux poings.

Les Grecs les craignaient tant qu'ils leur offraient de nombreux sacrifices et leur donnaient un nom plus flatteur : les Euménides, qui veut dire : les Bienveillantes.

Oreste, comme Œdipe, sera persécuté par elles, car le crime qu'il vient de commettre est contre nature.

# XV

# Épilogue

ORESTE, EN TITUBANT, sort du palais. Il apostrophe les vieillards qui sont venus aux nouvelles et qui hochent la tête, pris de pitié pour cette race maudite :

— Ils sont morts, les assassins de mon père. Lui, a reçu le châtiment de l'adultère. Elle, paie pour le plus abominable des crimes. Qu'on apporte le filet dans lequel elle enserra mon père, ce filet qui fut aussi son linceul… Je sais qu'aujourd'hui l'innocence m'a quitté car je porte la souillure de cette victoire…

Puis, prenant son visage dans ses mains, Oreste se tait. Personne ne sait s'il pleure sur son crime ou sur le châtiment qui l'attend ou sur toute sa race. Lorsqu'il relève enfin la tête, ses lèvres tremblent. Ses yeux terrifiés fixent un point dans le lointain.

— Là, ces femmes toutes noires, enlacées de serpents ! Les voilà, les Érinyes, les chiennes vengeresses de ma mère !

Tous tournent la tête dans la direction qu'il montre mais ne voient rien.

— Leurs yeux pleurent du sang ! Ne les voyez-vous pas ?

Alors le plus âgé des hommes de Mycènes s'approche :

— Enfant, il te faut partir. Pour te purifier de ce crime, retourne au temple d'Apollon.

Commence alors pour Oreste une longue errance. Les Érinyes,

sans cesse, le frôlent de leurs ailes de chauves-souris. Chaque fois qu'il tente de se nourrir, leurs têtes de chien grondent férocement.

Épuisé, le jeune homme parvient enfin à Delphes, au sanctuaire de son protecteur Apollon. La pythie recule, effrayée à la vue de cet homme souillé de sang et encerclé d'êtres terrifiants. Mais Apollon endort les Érinyes et sa voix se fait entendre :

— Je ne t'abandonnerai pas Oreste, et je trouverai le moyen de te rendre la paix, car c'est à ma demande que tu as tué ta mère. Pars à nouveau. Traverse la mer et de nombreuses cités jusqu'à ce que tu atteignes la ville d'Athéna. Là, elle instruira ton procès et je plaiderai pour toi. Va. Ô toi, Hermès, guide et protège mon suppliant !

Oreste se remet donc en route, le cœur confiant, car il vient d'apprendre qu'Apollon le purifie de son meurtre.

Après une longue année de marche, de souffrances et de solitude, le voilà rendu à Athènes.

Entourée des meilleurs citoyens de la ville, la déesse aux yeux pers écoute chaque parti : les Érinyes criant vengeance pour Clytemnestre, Apollon, défenseur d'Oreste, et Oreste lui-même. Vient le moment de procéder au vote. Oreste va-t-il être pardonné ou condamné ? Les suffrages sont égaux ! Afin de départager le vote, Athéna ajoute sa voix à ceux d'Oreste et ainsi l'acquitte de son crime.

Ce jugement venait de mettre fin à une longue chaîne de meurtres. Athéna ne s'y était pas trompée. Elle avait compris qu'Oreste était la victime d'une terrible malédiction familiale et, qu'à la différence de tous les autres, il avait été le seul à souffrir du crime qu'il devait accomplir. Il avait été puni, il devait maintenant être pardonné.

# Jeux
## XV
## Épilogue

### 1 Les dieux emmêlés

**Voyons si tu as bien lu les fiches d'identité des dieux. Dans ce jeu, il te faudra relier le nom de chaque dieu à son portrait en passant par les indices (dessins ou mots) semés dans cet inextricable labyrinthe.**

**Zeus  Apollon  Hermès  Athéna  Hadès  Héra  Artémis**

## 2 Généalogie des Atrides

**Tu as achevé ta lecture, bravo ! Mais quelle famille bien compliquée que celle des Atrides, n'est-ce-pas ? Pour t'y retrouver, complète l'arbre généalogique simplifié que voici.**

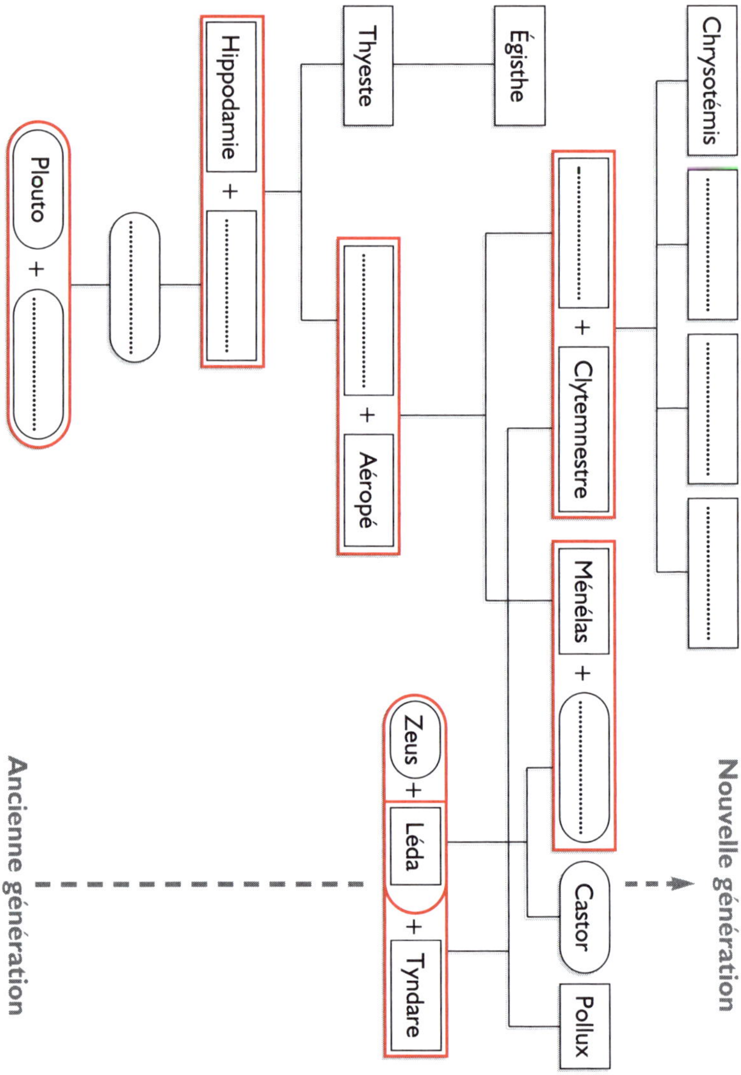

**Conseillère des Dieux et des Mortels, la fille favorite de Zeus protège les héros dans leur lutte pour le Bien. Découvre ses autres particularités...**

# Fiche d'identité

## Athéna

### Portrait

Beauté simple, modeste. Air grave, plein de noblesse, de force et de majesté. Elle porte un casque, une lance, un bouclier et l'égide.

### Signes particuliers

Fille préférée de Zeus. Avec Arès, est la seule à porter l'égide de son père. Athéna a le pouvoir de donner le don de prophétie et de prolonger la vie des Mortels. Se montre toujours juste et clémente.

**Née de :** Zeus.
Celui-ci apprit que si Métis, la mère, mettait elle-même au monde son enfant, ce dernier le détrônerait. Zeus dévora donc Métis. C'est pourquoi Athéna sortit tout armée du crâne de son père après qu'Héphaïstos lui eut donné un coup de hache sur la tête pour le soulager des maux dont il se plaignait.

**Sœur de :**
Arès, Héphaïstos et de bien d'autres.

**Épouse de :**
personne.
Athéna ne voulut jamais se marier et resta vierge.

**Profession :**
déesse de la Sagesse, de la Guerre juste, des Sciences et des Arts.

**Adresse :** l'Olympe.

**Animaux :** la chouette et le dragon.

**Arbre :** l'olivier.

**Sanctuaire :**
le plus célèbre est à Athènes.

**Équivalent latin :** Minerve.

# Réponses aux jeux

## I - Tantale

(pages 8-9)

**Jeu 1**

A - Déméter.

B - Héphaïstos.

**Jeu 2**

1 - mais 2 - mets 3 - m'est

4 - mes 5 - mai 6 - maie.

**Jeu 3**

A - À-tri-deux : les Atrides.

B - Taon-tas-le : Tantale.

C - Haie-champ-son : échanson.

## II - Le supplice de Tantale

(pages 16-17)

**Jeu 1**

2

**Jeu 2**

A - 1 - c / 2 - f / 3 - b / 4 - e / 5 - d / 6 - a

B - 1 - c / 2 - e / 3 - f / 4 - a / 5 - d / 6 - b

**Jeu 3**

A - Nid-haut-baie : Niobé.

B - Paix-lot-pss : Pélops.

C - Air-messe : Hermès.

## III - Pélops

(pages 25-26)

**Jeu 1**

A - E-no-mas-os : Œnomanos.

B - Hip-pot-dames-mie : Hippodamie.

C - Pot-sait-i-dont : Poséidon.

**Jeu 2**

1 - g / 2 - i / 3 - e / 4 - f / 5 - h

6 - d / 7 - c / 8 - b / 9 - a

**Jeu 3**

1 - c / 2 - a / 3 - b

## IV - Atrée et Thyeste

(pages 34-36)

**Jeu 1**

A - b / B - a / C - c / D - b

**Jeu 2**

1 - musée (les Muses).

2 - chronologie (Chronos ou Cronos).

3 - hermétique (Hermès).

4 - céréales (Cérès).

5 - héliotrope (Hélios).

**Jeu 3**

A - Miss-haine : Mycènes.

B - A-air-rot-paix : Aéropé.

**Jeu 4**

1 - père. / 2 - sœur.

3 - fils. / 4 - petits-fils.

5 - tante. / 6 - oncle.

7 - cousins et cousines.

8 - père, grand-père, arrière grand-père.

9 - aîné.

## V - Ménélas et Hélène

(pages 43-44)

**Jeu 1**

A - Ulysse. / B - Léda.

**Jeu 2**

A - Ailes-haine : Hélène.

B - Mais-nez-lasse : Ménélas.

**Jeu 3**

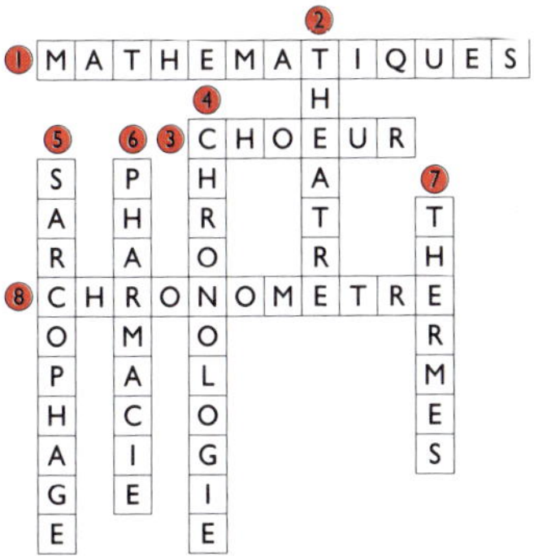


## VI - La pomme de la discorde et le choix de Pâris

(page 51)

**Jeu 1**

A - 1 - a / 2 - b / 3 - b et c

B - a - 3 / b - 2 / c - 1

**Jeu 2**

c

## VII - L'enlèvement d'Hélène

(pages 59-60)

**Jeu 1**

A - Télémaque.

B - Cassandre.

C - Achille.

**Jeu 2**

Tous ont juré de défendre l'honneur de celui qu'Hélène choisirait pour époux.

**Jeu 3**

1 - misogyne 2 - androgyne

3 - gynécologue 4 - gynécée

## VIII - Le départ pour Troie ou le sacrifice d'Iphigénie

(pages 68-69)

**Jeu 1**

A - Eau-lys : Aulis.

B - Calle-casse : Calchas.

C - If-fit-génie : Iphigénie.

D - A-gamme-même-non : Agamemnon.

**Jeu 2**

1 - F / 2 - V / 3 - F / 4 - V / 5 - F

## IX - La guerre de Troie

(page 77)

**Jeu 1**

Camp des Grecs :

Patrocle, Ulysse, Nestor, Agamemnon, , Athéna, Achille, Ménélas.

Camp des Troyens :

, , , Priam, Hécube, , Aphrodite, Hector.

**Jeu 2**

1 - c / 2 - b

## X - La mort d'Hector

(pages 84-85)

**Jeu 1**

Andromaque.

**Jeu 2**

A - Héphaïstos.

B - Apollon et Aphrodite.

C - Athéna.

**Jeu 3**

a - 4 / b - 5 / c - 1 / d - 3 / e - 2

**Jeu 4**

A - a - III / b - V / c - VI / d - VII / e - I
f - IV / g - II

B - « Décupler » = « multiplier par 10 ».

C - *hekaton* = 100.

## XI - Le cheval de Troie

(pages 92-93)

**Jeu I**

A - Poséidon. / B - Troie.

**Jeu 2**

Racine.

**Jeu 3**

A - Et-nez : Énée. / B - Scie-non : Sinon.

**Jeu 4**

CAL-CHAS / U-LYS-SE / A-THÉ-NA
LA-O-CON / AN-DRO-MA-QUE
SI-NON / HÉ-CU-BE / É-NÉE
A-PHRO-DI-TE / A-CHÉ-EN
AN-CHI-SE / HÉ-LÈ-NE
MÉ-NÉ-LAS / CAS-SAN-DRE

## XII - La vengeance de Clytemnestre

(page 102)

**Jeu I**

| | | | | | | | | | | | | | |
|---|---|---|---|---|---|---|---|---|---|---|---|---|---|
| R | O | E | G | F | O | A | L | I | N | O | B | U | E |
| S | A | V | R | P | R | C | E | J | B | E | H | I | T |
| F | T | E | S | T | E | O | R | T | M | U | I | V | A |
| E | R | D | N | A | S | S | A | C | R | B | N | P | B |
| G | E | O | D | C | T | E | U | F | F | O | H | J | K |
| I | E | A | R | Z | E | U | N | L | N | E | A | P | V |
| S | H | M | M | O | B | R | S | M | L | C | D | V | B |
| T | U | N | E | E | F | S | E | E | E | G | M | A | E |
| H | B | R | N | R | L | M | N | R | I | T | R | L | I |
| E | F | A | E | J | A | E | E | O | L | H | Y | O | M |
| O | L | D | L | G | O | L | C | B | O | K | X | L | D |
| R | R | E | A | L | T | H | Y | E | S | T | E | I | C |
| E | X | E | S | I | V | L | M | D | T | L | Y | I | Z |
| S | A | N | R | U | E | L | V | O | U | O | A | V | X |

## XIII - Électre

(pages 108-109)

**Jeu I**

A - Chrysotémis.

B - La pythie de Delphes.

**Jeu 2**

A - Or-est : Oreste.

B - Thym-dard : Tyndare.

C - Pis-las-deux : Pylade.

**Jeu 3**

1 - Électre - Clytemnestre.

2 - Agamemnon.

3- Égisthe - Mycènes.

4 - Chrysotémis - Oreste.

5 - Tyndare - Strophios.

6 - Delphes - Apollon.

## XIV - Le retour d'Oreste

(page 117)

**Jeu I**

a - suicide / b - fraticide / c - insecticide
d - régicide / e - homicide / f - patricide

**Jeu 2**

A - Geai-lisse-ça : Geilissa.

## XV - Épilogue

(pages 121-122)

**Jeu I**

Zeus :  - chêne - .

Hermès :  - caducée - Mercure.

Athéna :  - olivier - Minerve.

Hadès :  -  - .

Héra :  - grenade - Junon.

Apollon :  -  - Delphes.

Artémis :  - chasse - lune.

**Jeu 2**

Noms donnés de bas en haut et de gauche à droite :

Zeus - Tantale - Pélops - Atrée - Agamemnon - Hélène - Iphigénie - Oreste - Électre.

# Index des noms propres

Les noms des lieux sont indiqués en maigre ;
les numéros de pages en couleur renvoient aux fiches d'identité des dieux.

Conception et réalisation : Studio Imaginis
Suivi éditorial : Marie Mathelier
Corrections : Béatrice Weité
Achevé d'imprimer en France, en janvier 2000
sur les presses France Quercy.
N° d'éditeur : 878 — N° d'imprimeur : 93077
N° de projet : 10074128 (II) (9) OSBN 90°